PRÉCIS

DE LA

SUGGESTION

MENTALE

Par le

Dr BONNET

PARIS

FILS ROUSSET

1910

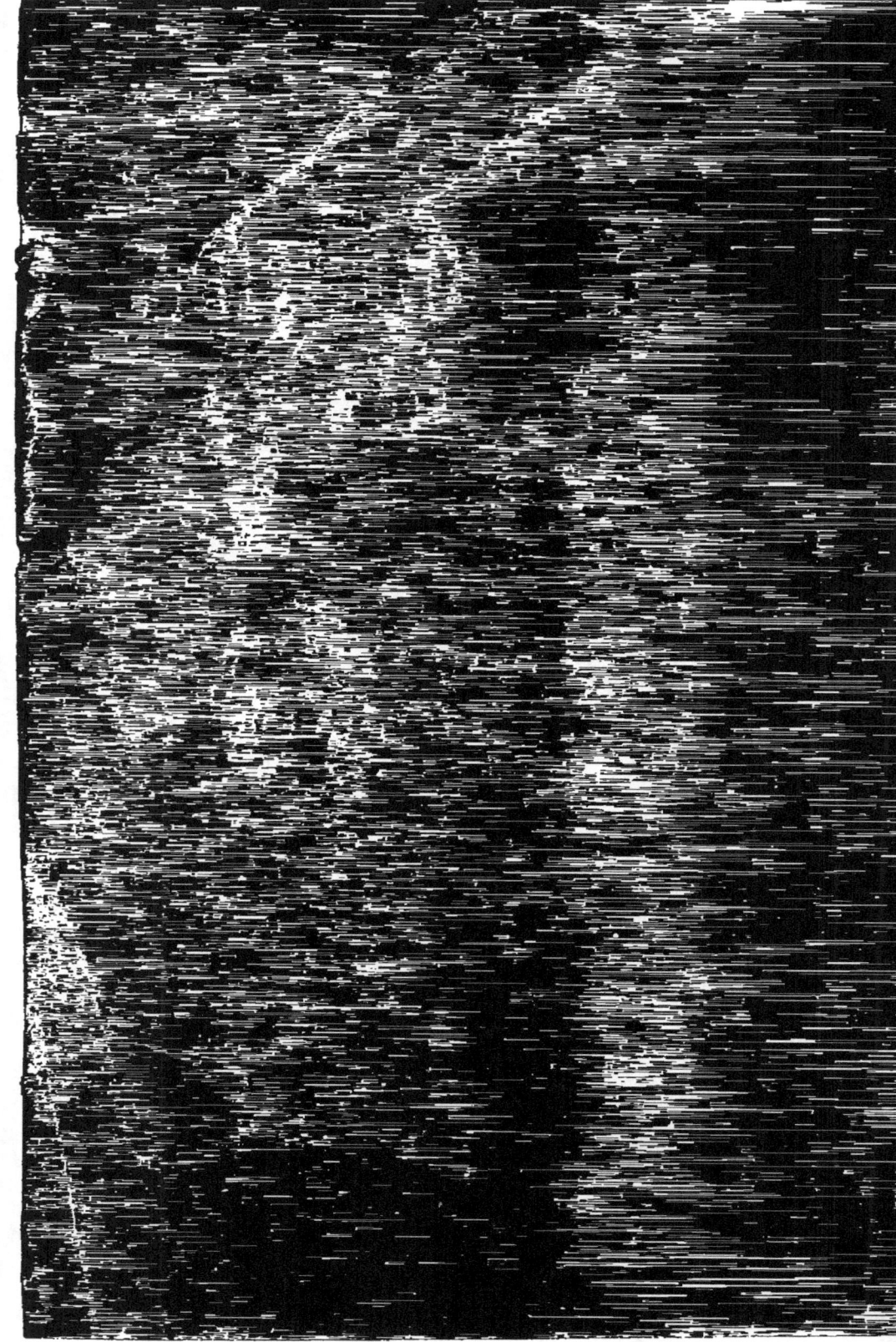

PRÉCIS
D'AUTO-SUGGESTION
VOLONTAIRE

Par le

Dr Géraud BONNET, d'Oran
Officier de l'Instruction Publique

PARIS
LIBRAIRIE MÉDICALE ET SCIENTIFIQUE
JULES ROUSSET
1, Rue Casimir-Delavigne et 12, Rue Monsieur-le-Prince
1910

PRÉCIS
d'Auto-Suggestion volontaire

Éducation pratique de la volonté
Maîtrise de soi-même. — Influence sur autrui

PRÉFACE

Améliorer l'individu, et, par conséquent, développer la vigueur physique, l'énergie morale, la fermeté du caractère, perfectionner et entretenir le bien-être particulier et général par des méthodes simples à la portée de tous, TEL EST LE BUT DE CE LIVRE

Les tares ancestrales ne sont pas forcément héréditaires, indélébiles et irréparables.

L'homme peut, de lui-même, par sa volonté convenablement éduquée et bien appliquée, transformer sa nature, diminuer ses infirmités et ses défauts, accroître ses qualités.

La chance et le hasard nous gouvernent rarement. Et, si nous ne pouvons pas, toujours, diriger les événements dans un sens favorable à nos intérêts, il nous est souvent possible d'en atténuer les conséquences fâcheuses.

Il existe dans l'organisme humain des forces demeurées trop longtemps ignorées qui facilitent le bonheur par le calme de l'esprit et la confiance dans le succès final.

L'auto-suggestion volontaire est une de ces forces.

En l'utilisant on peut arriver à la maîtrise de soi-même et à l'influence sur autrui.

Avec son aide on peut se constituer une personnalité puissante qui permettra d'acquérir dans la société une situation prépondérante et de DEVENIR QUELQU'UN.

Dr BONNET.

NOTIONS PRÉLIMINAIRES.

Dans la production des phénomènes ordinaires de l'hypnotisme et de la suggestion, il y a deux personnes : un opérateur et un sujet.

L'influence de l'opérateur sur le sujet peut s'exercer par des manœuvres diverses, mais surtout par l'intermédiaire de la suggestion, soit à l'état de veille, soit à l'état d'hypnose.

Les paroles que l'hypnotiseur adresse à son sujet, les gestes dont il les accompagne, les idées qu'il cherche à introduire dans son cerveau, les actes qu'il lui ordonne ou lui fait exécuter sont des suggestions.

L'auto-suggestion diffère de la suggestion en ce que, dans les phénomènes auto-suggestifs, il n'y a qu'une seule personne qui joue, à la fois, le rôle d'opérateur et le rôle de sujet. La personne agit elle-même sur elle-même.

L'auto-suggestion existe-t-elle ?

Est-il possible que la pensée, résultat d'un travail du cerveau, réagisse sur elle-même et sur ce même cerveau, de telle sorte qu'on puisse, soi-même, consciemment ou inconsciemment, à l'état de veille ou dans un certain degré d'auto-hypnotisme, volontairement ou non, se faire des suggestions qui se réaliseront ou auront tendance à se réaliser ?

La réponse est absolument affirmative.

Les effets qui se rapportent à l'auto-suggestion sont connus depuis fort longtemps ; et comme on ne pouvait les expliquer, on les mettait, généralement, sur le compte de l'imagination du sujet.

On ne faisait que transformer la difficulté !

Quelques exemples simples vont nous faire comprendre en quoi consistent quelques-uns de ces effets.

Je débuterai par un fait personnel.

Je me souviens que, dans mon enfance, vers l'âge de douze ans, j'ai souffert d'une conjonctivite de l'œil droit qui a duré pendant plusieurs mois.

Les collyres dont on m'instillait quelques gouttes, matin et soir, ne produisaient aucune amélioration ; le mal semblait s'aggraver de jour en jour ; on avait beau changer de médecin et de traitement, rien n'y faisait et je risquais de perdre la vue.

En cette occurrence, une âme charitable crut devoir informer mes parents qu'à une petite distance de quelques kilomètres vivait un bonhomme qui possédait un don naturel et un secret merveilleux pour guérir les maladies des yeux. On le fit mander et il arriva peu de jours après.

L'homme examina mon œil, s'en alla dans la campagne et revint au bout d'une heure, portant une poignée de deux herbes différentes dont l'une ressemblait à un trèfle sauvage et l'autre à de la millefeuille.

Il s'installa devant une table, mélangea les deux herbes, les hacha menu à l'aide de son couteau et en fit une sorte de cataplasme.

Debout à côté de lui et sachant qu'il travaillait pour moi, je ne perdais pas un seul de ses gestes et j'observais tous ses mouvements avec la plus vive attention.

Quand il eut terminé tous ses préparatifs, il me fit déshabiller, mit à nu mon avant-bras droit et, avec la pointe de son couteau, traça une série de signes longitudinaux sur la face antérieure, depuis le pli du coude jusqu'à la naissance du poignet. Cette petite opération dura assez longtemps et s'accompagna de paroles inintelligibles que l'homme marmottait entre ses dents et à voix très basse. Puis, le cataplasme fut appliqué sur le tiers inférieur de l'avant bras et maintenu par quelques tours de bande.

L'opérateur affirma que je serais guéri avant que le gâteau d'herbes fût sec.

En effet, avant le terme indiqué, la guérison

survint, complète, et l'œil reprit toute l'intégrité de sa fonction.

Six mois après, l'œil gauche tomba malade à son tour ; on rappela le guérisseur ; mais, cette fois, l'opération n'eut pas de succès ; il fut nécessaire d'avoir recours à un oculiste qui me soulagea rapidement.

Pourquoi ces deux résultats opposés ?

Si le premier succès peut être attribué à un effet de l'imagination, pourquoi la même cause n'a-t-elle pas produit un effet identique dans le second cas ?

Si l'on attribue la première guérison à la vertu des herbes ou à l'efficacité d'une incantation secrète, pourquoi cette vertu ou cette incantation ont-elles été impuissantes la seconde fois ?

La réponse à ces questions aurait été bien difficile il y a encore peu d'années. Mais, actuellement, nous connaissons des forces nouvelles, existant dans l'organisme, demeurées ignorées pendant longtemps et dont la mise en œuvre nous fournit une explication plausible.

Dans la première opération, une force est intervenue, consciemment ou non, et a entraîné la réussite. Cette force a manqué, la seconde fois, ou ne s'est pas exercée avec la même intensité.

Cette force, c'est la confiance dans la guérison, c'est la concentration de la pensée sur l'idée de la guérison.

La confiance était absolue dans le premier

cas. Mais, dans le second, la récidive de la maladie a occasionné un sentiment de doute ; ce doute a supprimé ou diminué la confiance ; la diminution de la confiance ou son absence n'a pas permis à la pensée de se maintenir concentrée sur l'idée de guérison et a empêché le succès. Il y a eu une auto-suggestion efficace dans la première circonstance ; l'auto-suggestion a manqué ou a été insuffisante dans la deuxième.

Cet événement, qui a laissé une forte impression dans mon esprit, m'est revenu à la mémoire en lisant dans l'ouvrage de Deleuze (*Histoire critique du magnétisme animal*) un chapitre consacré au *Perkinisme*.

Vers la fin du xviii⁰ siècle « un médecin des Etats-Unis, nommé Elisha Perkins, crut avoir reconnu que l'application des métaux avait de l'influence sur les corps vivants et qu'en la dirigeant d'une certaine manière on en obtenait des effets salutaires. D'après cette idée, il inventa un instrument auquel il donna le nom de *tracteur métallique*. Cet instrument, long de deux pouces et demi, est composé de deux pyramides de différents métaux qui, par leur réunion, ont la forme d'une moitié de cône coupé dans sa longueur. Pour guérir plusieurs affections locales et particulièrement les tumeurs inflammatoires, il suffit de promener la pointe du tracteur sur la partie affectée, en suivant la direction des principaux nerfs et, cela, vingt ou trente minutes de suite, deux ou trois fois par jour. La maladie cède quelquefois à la première opération ; souvent aussi la guérison exige plusieurs semaines »

Le Perkinisme eut une grande vogue pendant plusieurs années en Amérique, en Angleterre et en Danemark.

Le procédé de mon guérisseur a la plus grande analogie avec le Perkinisme ; il est probable qu'il en dérive, à moins qu'il ne lui soit antérieur et ne l'ait lui-même provoqué, car il s'agissait d'un secret de famille fort ancien, paraît-il, qu'on se transmettait, depuis très longtemps, de père en fils.

Les tracteurs de Perkins étaient généralement formés par deux aiguilles, l'une de laiton, l'autre de fer-blanc, accolées l'une à l'autre. Un sceptique s'avisa de fabriquer des tracteurs en bois de même apparence extérieure que les tracteurs métalliques ; il obtint des résultats satisfaisants et il en conclut que l'imagination des malades était la seule cause de la guérison. Cette opinion ayant prévalu, le système de Perkins ne tarda pas à disparaître.

Cette imagination spéciale qui produit la guérison intervient dans une foule de circonstances.

Ainsi, ma grand'mère maternelle conservait avec le plus grand soin un morceau de racine, provenant de je ne sais quel arbre, qui avait la propriété de calmer instantanément la douleur dentaire due à la carie ; il suffisait de toucher la dent malade avec cette racine et la douleur n'existait plus. La réussite avait lieu trois fois sur quatre.

A une époque où je ne m'occupais pas encore d'hypnotisme, j'ai eu comme cliente une dame qui pour se délivrer de certains troubles nerveux, venait de temps en temps, sommoler pendant quelques minutes dans un fauteuil de mon cabinet de consultation. Elle était venue, une première fois, à un moment où je n'avais pas le temps de la recevoir immédiatement, je l'avais fait asseoir, en attendant, dans mon cabinet, et l'avais laissée seule ; elle s'y était endormie. Au réveil, elle s'était sentie soulagée. C'est pour cela qu'elle revenait ; elle guérissait, d'elle-même, par le fait de son imagination.

Un grand nombre de préparations médicamenteuses d'autrefois, que nous trouvons, actuellement, plus ou moins baroques, (toujours l'histoire de la paille et de la poutre) avaient la propriété de détruire les inflammations et de réduire les tumeurs. Et, comme, par la suite, elles n'ont pas toujours procuré les guérisons espérées, force a été d'y renoncer et on a dû reconnaître qu'ici, encore, l'imagination du malade primait tout.

C'est encore grâce à cette imagination que l'on peut comprendre que les médications les plus contraires aient donné, dans la suite des temps, des résultats également efficaces dans le traitement des mêmes affections ; la cure avait lieu grâce à la conviction qu'avait le médecin traitant que sa méthode était bonne et son remède le meilleur ; cette conviction passait dans l'esprit du malade, relevait son moral et favorisait l'amélioration de l'état physique.

Quoi qu'on pense, de nos jours, des causes analogues produisent les mêmes résultats.

L'imagination est donc une puissance extraordinaire ; dans beaucoup de circonstances elle peut donner la confiance dans le succès ; cette confiance facilite toujours la réussite et l'impose souvent.

Mais qu'est-ce que l'imagination et par quel mécanisme opère-t-elle ? On ne fait pas attention qu'en invoquant cette cause on ne fait que déplacer la difficulté et qu'il faudrait, avant tout, en donner une définition convenable et en expliquer le mode d'action.

L'imagination peut être définie de la manière suivante : c'est la faculté que nous possédons de pouvoir nous représenter par la pensée des objets, des sentiments ou des sensations qui nous impressionnent fortement et provoquent la réalisation de l'idée qui s'y rattache.

Mais pourquoi la représentation mentale d'une guérison peut-elle aboutir à cette guérison ? Pourquoi la représentation mentale d'un sentiment ou d'une sensation peut-elle provoquer la manifestation de ce sentiment ou la réalité de cette sensation ? La réponse est délicate.

Un grand pas semble avoir été fait quand, à l'imagination, on a substitué la suggestion et l'auto-suggestion.

Grâce à ces dénominations nouvelles dont le sens nous est déjà connu et sera, d'ailleurs, développé amplement dans le cours de ce travail, on peut avoir une compréhension différente et plus nette des résultats attribués jusqu'ici à la seule imagination. Et si on ne peut pas toujours, cependant, donner, pour tous les faits observés, des explications rigoureusement scientifiques et acceptables par tout le monde, il n'en est pas moins vrai que les hypothèses nécessaires pour l'édification d'une théorie plausible, se simplifient et semblent plus rationnelles.

Néanmoins, nous sommes toujours obligés, comme dans toutes les sciences, même dans les mathématiques, de nous appuyer sur de prétendus axiomes qui peuvent nous paraître évidents, mais qu'il nous est difficile, sinon impossible de démontrer.

Nous sommes forcés d'émettre des propositions fondamentales et préliminaires que nous devrons justifier par le raisonnement, par l'observation des faits et par des expériences consécutives.

Tout effet a une cause. Toute cause implique l'idée d'une force agissante.

L'organisme humain, pour la production de toutes les actions biologiques, semble posséder des forces nombreuses dont la plupart nous sont encore inconnues. Mais, quelles que soient ces forces isolées, on peut admettre qu'elles dérivent d'une force unique, primordiale, dont l'existence ne saurait plus être mise en doute actuellement : c'est la force nerveuse.

Toutes les actions vitales sont sous la dépendance de cette force. Elle préside à tous les actes de l'entendement, à tous ceux de la vie intérieure et de la vie de relation. Elle fournit les forces partielles qui animent les organes, assurent l'exécution de toutes les fonctions et qui se dépensent pour le travail moteur, le travail sensoriel, le travail intellectuel.

En la faisant intervenir dans nos raisonnements, il nous sera possible d'arriver à l'interprétation de la plupart des phénomènes psychiques et, en particulier, de ceux qui sont sous la dépendance de l'auto-suggestion.

La science moderne tend de plus en plus à admettre, dans l'univers, la présence et l'action d'une force unique dont toutes les autres forces, connues ou non, seraient des dérivées ou des transformations.

Cette force fondamentale, probablement la force électrique, serait constituée par les vibrations d'un corps hypothétique, l'éther, qui remplit le monde et pénètre partout. Les modifications diverses de cette force universelle forment les forces spéciales qui donnent lieu aux phénomènes de la lumière, de la chaleur, du magnétisme minéral, de la pesanteur, etc., et surtout de l'électricité artificielle que nous produisons à l'aide de nos machines et dont les applications, merveilleuses et continuelles, transforment la surface du globe pour le plus grand bien-être du genre humain.

J'estime, avec beaucoup d'autres, que la force particulière qui existe dans l'organisme humain et chez la plupart des animaux doit être considérée comme une variété de l'électricité universelle.

Si, dans l'obscurité, vous frottez avec la main le dos d'un chat, il s'en dégage des aigrettes lumineuses ; le même fait peut être observé avec les cheveux de quelques personnes. Or, tout le monde admet que, par le frottement, la peau du chat dégage de l'électricité.

C'est à l'électricité que l'on attribue les propriétés spéciales de certains animaux tels que les silures, les gymnotes et quelques autres poissons.

C'est par une accumulation énorme et temporaire de force électrique que l'on explique les actions observées, en des circonstances rares, chez quelques femmes dites électriques et dont j'ai rapporté des exemples dans mes ouvrages précédents.

Pour Galvani, l'un des fondateurs de la science moderne, (1737-1798), les animaux sont doués d'une électricité particulière, inhérente à leur économie, beaucoup plus abondamment répandue dans le système nerveux, sécrétée par le cerveau et distribuée par les nerfs dans les autres parties du corps. (*Larousse, Dictionnaire*).

Volta, son rival, démontra que cette prétendue électricité animale ne différait pas de l'électricité ordinaire.

Plus récemment, voici ce que disait le professeur Gavarret, de la Faculté de médecine de Paris, vers 1840 :

« Quand on réfléchit un instant à la constitution des êtres organisés et aux phénomènes qui se manifestent pendant l'état de vie, il est difficile de se soustraire à l'idée que, dans les êtres vivants, le contact de tant de matières hétérogènes, pressées, frottées les unes contre les autres, inégalement échauffées, et surtout les réactions chimiques si nombreuses qui accompagnent sous toutes les formes le grand phénomène de la nutrition, doivent être des *causes incessantes de production d'électricité* ».

Ceci dit, il est évident que l'accomplissement des fonctions humaines, le jeu des organes, les mouvements des muscles, le travail intellectuel, nécessitent la dépense d'une force. Est-il admissible que la nature qui, toujours, agit simplement et avec uniformité malgré une grande diversité apparente, ait donné à l'homme deux forces à la fois, l'une électrique et l'autre différente ?

Il est bien plus simple et tout à fait rationnel d'admettre que la force qui réside dans les centres nerveux et dans les nerfs est une variété de la force électrique universelle, qui s'est transformée en s'adaptant à la constitution de l'homme.

Cette force, que nous appelons force nerveuse, peut, au premier abord, sembler différente de l'électricité. Ce n'est là qu'une apparence.

En effet, l'électricité se manifeste sous des aspects variés selon les milieux où on en constate la présence et les effets. Dans les corps bons conducteurs elle existe en surface et se propage avec une vitesse comparable à celle de la lumière ; dans les corps mauvais conducteurs elle existe en profondeur et dans toute la masse, se propageant avec lenteur. Nous ne devons donc pas nous étonner si elle se montre avec des propriétés spéciales et différentes dans l'organisme animal.

Chacune des forces secondaires qui dérivent de l'électricité universelle et qui donnent lieu aux phénomènes calorifiques, magnétiques, lumineux, attractifs ou répulsifs, possède des propriétés particulières. Mais toutes ont une propriété commune qui consiste en une action à distance, dans un certain rayon, en dehors des corps chez lesquels on les constate et où elles sont appliquées.

La force nerveuse, pouvant être considérée comme étant un mode particulier de la force électrique générale, nous devons lui attribuer cette même propriété, commune aux autres forces secondaires et admettre, par conséquent, qu'elle agit, non seulement à l'intérieur des corps vivants, mais encore qu'elle rayonne tout autour. Elle s'extériorise et peut influencer un autre corps vivant, un organisme analogue, à distance et sans contact.

De nombreuses observations qu'il ne m'est pas possible de reproduire ici en détail et qui se rapportent à la télépathie, à la suggestion mentale et à l'hypnotisation à distance, semblent démontrer la réalité de cette action qui permet, si on l'accepte, de donner une explication plausible, satisfaisante et scientifique de la majorité des faits observés.

On a voulu faire la vérification du rayonnement nerveux par des expériences directes et divers instruments ou appareils spéciaux ont été imaginés dans ce but.

Le plus récent, à ma connaissance, est celui du Dr Joire de Lille.

Dans cet appareil, que son auteur appelle le sténomètre, une aiguille très mobile sur un pivot et enfermée sous un globe de verre est mise en mouvement par la simple présentation de la main.

L'appareil est construit de telle sorte que le mouvement de l'aiguille ne peut provenir ni de la chaleur, ni de la lumière, ni de l'électricité, ni d'aucune force naturelle actuellement connue.

Des expériences spéciales ont fait constater que le mouvement ne se produit sous l'action d'aucune de ces forces. Or, la présentation seule de la main ou du corps de l'opérateur fait mouvoir l'aiguille.

Quelques personnes auraient la propriété de produire, *à volonté*, l'attraction ou la répulsion c'est-à-dire de faire tourner l'aiguille dans un sens ou dans le sens opposé.

L'influence exercée par un organisme vivant sur un autre organisme vivant sera d'autant plus grande que la force nerveuse existant dans le premier sera elle-même plus grande ; ou, si l'on veut, que cet organisme sera lui-même plus puissant.

L'intensité de la force nerveuse est donc un des éléments de la *puissance personnelle* dont nous aurons à nous occuper par la suite.

La puissance personnelle est le facteur principal qui fait réussir l'homme dans la société ; elle est la base du succès et du bonheur.

La puissance personnelle donne à celui qui la

possède le pouvoir de s'impressionner lui-même, d'arriver à la maîtrise de sa pensée et de ses actes ; elle lui permet d'agir favorablement sur autrui et d'influencer son entourage, conformément à ses désirs et à sa volonté.

La puissance personnelle entretient chez l'homme qui la détient et qui sait l'utiliser, la conscience et la conviction de son mérite ; par elle, il lui est possible d'accroître l'importance de sa personnalité et, à l'occasion, d'obtenir spontanément et sans recherche apparente de sa part, la sympathie et l'amitié de ses égaux, le respect et l'affection de ses inférieurs, la considération et l'estime de ses supérieurs.

Elle procure à l'organisme une augmentation incessante de l'énergie vitale, une satisfaction constante, un bien-être général ; elle entretient la santé et la bonne humeur.

Le présent ouvrage a pour objet l'étude de l'auto-suggestion et de la puissance personnelle. Il a pour but d'apprendre à les bien connaître, à en développer et accroître l'énergie, et à les utiliser.

II

HYPNOTISME ET AUTO-HYPNOTISME

On appelle aimant naturel une pierre ferrugineuse, un minerai de fer, qui a la propriété d'attirer la limaille de fer.

On trouve ce minerai en abondance en Suède, en Norvège, aux Etats-Unis.

Les Grecs l'avaient rencontré pour la première fois en Asie-Mineure, près d'une ville qui portait le nom de *Magnésie*. Pour ce motif, ils l'appelaient *magnès* et c'est de là, fort probablement, que provient l'expression moderne de *magnétisme*.

Le magnétisme minéral est donc la dénomination qui désigne la propriété que possède l'aimant naturel d'attirer le fer.

Quand on frotte un barreau de fer, dans le sens de sa longueur, avec un aimant naturel, ce barreau acquiert, à son tour, la propriété d'attirer le fer ; il devient aimanté et constitue un aimant nouveau, aimant artificiel.

Une des grandes préoccupations de l'esprit humain a toujours été, à toutes les époques et en tous lieux, le désir de guérir les maladies. Même de nos jours, tout le monde est plus ou moins médecin sans avoir étudié la médecine ; et chacun, en maintes occasions, émet la prétention de vouloir donner son avis et de le faire prévaloir quelle que soit la maladie en cours et quel que soit le diagnostic.

Cette préoccupation est universellement répandue. La crédulité humaine, la confiance dans l'efficacité des drogues et dans la vertu des médicaments sont tellement invétérées qu'elles constituent une mine inépuisable pour de nombreux industriels qui ne manquent pas de l'exploiter : les journaux de tout genre, même ceux qui sont étrangers à l'art médical, sont encombrés par les réclames tapageuses et alléchantes des fabricants de remèdes. Plus les boniments sont hardis, enthousiastes et sonores, plus on s'y laisse prendre ; et, un tas d'inventeurs réalisent des bénéfices énormes au détriment de la bourse des gogos, et, bien souvent, de la santé publique.

Aussi, les propriétés des aimants paraissant tenir du prodige, on s'empressa de les essayer et de les utiliser pour le soulagement des malades.

Et, du moment que pour aimanter un barreau de fer on promenait sur lui, d'un bout à l'autre, un aimant naturel ou un barreau aimanté, on essaya d'aimanter ou de magnétiser le corps humain en promenant un aimant depuis la tête jusqu'aux pieds.

Des effets inattendus se manifestèrent, dus, peut-être, à une efficacité réelle de l'aimant, peut-être à la suggestion, encore inconnue mais tout de même agissante, ou, enfin, par toute autre cause. En conséquence, l'organisme humain, paraissant subir l'influence de l'aimant, pouvait, à son tour devenir un aimant artificiel et exercer, sur un autre organisme, une influence magnétique analogue.

Insensiblement, les opérateurs se trouvèrent amenés à remplacer l'aimant par les mains et, dès ce jour, les passes, dites magnétiques, furent inventées. Au magnétisme naturel et minéral succéda le magnétisme humain ou magnétisme animal ; la magnétisation humaine remplaça l'aimantation minérale.

Quelques opérés s'endormaient sous l'influence des passes magnétiques, ou, s'ils ne dormaient pas, prenaient l'apparence et l'immobilité du sommeil. On donna à cet état provoqué le nom de *sommeil magnétique*.

Ainsi, donc, l'usage des passes magnétiques a une origine tout à fait scientifique et il serait injuste de considérer ces passes comme un procédé ridicule et charlatanesque. Persister dans une telle opinion c'est, tout simplement, faire preuve d'ignorance ou de parti-pris.

Pour expliquer l'efficacité des passes, la production du sommeil magnétique et les résultats consécutifs, on invoqua l'intervention d'un fluide spécial.

Mesmer, guidé par les idées de quelques-uns de ses prédécesseurs, parmi lesquels *Paracelse* et *Van Helmont*, avait admis l'existence d'un fluide universel qui remplit le monde, préside à l'équilibre et aux mouvements des corps célestes et à tous les phénomènes de la nature.

Ce fluide, modifié par la constitution physique de l'homme et, en quelque sorte, matérialisé dans le corps humain, devient le fluide magnétique. Toute personne en possède une quantité plus ou moins grande, selon son tempérament, sa vigueur physique ou intellectuelle.

D'après les magnétiseurs, ce fluide peut être mis en mouvement et dirigé par la volonté. Il émane de toutes les masses nerveuses, de toutes les extrémités des filets nerveux et de toute la surface du corps ; mais il est projeté au dehors, principalement, par le regard et les extrémités des doigts. Son émission est d'autant plus abondante que la volonté est plus active, plus ferme et plus soutenue.

C'est par la volonté de l'opérateur que ce fluide se communique au système nerveux de l'opéré, l'envahit et le sature pour développer l'engourdissement et les autres effets accessoires que l'on observe chez les magnétisés.

Ces explications peuvent nous paraître insuffisantes et quelque peu hasardées. Pourtant, elles n'étaient pas trop en désaccord avec les idées scientifiques de l'époque qui les avait vu éclore.

Bornons-nous à constater que, de nos jours, nous acceptons, sans en être choqués, l'hypothèse d'un agent analogue, l'éther, origine première de toute matière, source et siège de toute énergie naturelle, dont les vibrations supposées nous servent à expliquer les phénomènes multiples et divers de la chaleur, de la lumière et de l'électricité. Nous n'avons fait que changer le nom du fluide universel.

Nous admettons également, dans notre organisme, la réalité d'une force nerveuse provoquant toutes les manifestations de la vie qu'elle dirige et qu'elle gouverne, et au moyen de laquelle, par notre volonté, nous pouvons, en de nombreuses circonstances, agir sur notre prochain et sur nous-mêmes.

La découverte récente des radiations humaines semble, du reste, venir en confirmation de ces théories déjà anciennes.

L'existence d'effluves émanés de l'homme vivant a été démontrée et mise complètement hors de doute en 1903 par M. Charpentier, professeur à la Faculté des Sciences de Nancy.

Il a prouvé, par des expériences de phosphorescence que le corps humain émet des radiations ; la réalité de ces radiations résulte de l'augmentation d'éclat que prend un écran recouvert de la matière phosphorescente (ou fluorescente) quand on l'approche d'un muscle, d'un nerf ou d'un centre nerveux. Le maximum d'effet se constate principalement au voisinage des centres nerveux et surtout de la colonne vertébrale. Le système nerveux semble donc en être l'agent principal et, cela, d'autant plus que son action physiologique est plus grande, que son activité est plus considérable.

Les expériences de M. Charpentier ont fait l'objet d'une communication de M. d'Arsonval à l'Académie des Sciences dans la séance du 14 décembre 1903. Leurs résultats sont encore contestés par quelques savants, mais ils sont acceptés par beaucoup d'autres. Ils justifient des croyances qui ont existé à toutes les époques et qu'un esprit impartial peut reconnaître sous les fictions et les légendes que nous ont léguées les écrivains et les poètes des civilisations antiques.

Les idées sont, bien souvent, aussi vieilles que le temps ; elles persistent au travers des siècles et se propagent sans éprouver de changements bien marqués ; les dénominations seules, sont différentes et se remplacent pour s'accommoder aux évolutions et aux progrès de la science.

« Naître, vivre et mourir pour renaître encore, telle est la vie » a dit le fondateur de la philosophie spirite.

Les idées obéissent à cette loi universelle : rien ne se perd, tout se transforme. Bien des découvertes modernes ont leur origine dans des idées qui datent de l'antiquité la plus lointaine.

En employant des passes régulières, commençant au niveau de la tête et finissant à l'épigastre ou aux membres inférieurs, les premiers magnétiseurs avaient pour but de provoquer une magnétisation régulière avec pôles magnétiques et de répartir le fluide uniformément. Mais, bientôt, la pratique des magnétisations fit connaître que pour aboutir à des résultats satisfaisants, il n'était pas nécessaire de développer des pôles (bien difficiles, d'ailleurs, à constater) et que, dans bien des cas, les gestes étaient inutiles pourvu que la volonté de l'opérateur intervînt fortement.

Ainsi, Puységur magnétisa pendant longtemps en appliquant ses mains l'une sur la tête, l'autre sur l'estomac du sujet ; et, plus tard, il en vint à présenter simplement ses mains à distance et sans contact.

Chaque opérateur eut son procédé personnel, basé sur la conception particulière qu'il se faisait de l'influence prépondérante du fluide, de l'énergie de sa volonté, de l'utilité de tel geste ou de tel attouchement.

Mais, d'une façon générale, la méthode des passes a prévalu et, présentement, beaucoup de magnétiseurs modernes les emploient de préférence à tout autre procédé ; ils les varient selon l'effet à obtenir et se servent de passes lentes ou rapides, longues ou courtes, verticales, transversales, circulaires, etc..

La méthode des passes et les variétés opératoires qui en dérivent conduisirent le marquis de Puységur à la découverte du somnambulisme provoqué et de l'influence que l'opérateur exerce sur son sujet pendant le sommeil magnétique. La suggestion, mise, depuis, en place prépondérante par les savants modernes de Nancy, était entrevue et appliquée inconsciemment.

Puységur appela l'attention des magnétiseurs sur le phénomène qui consiste dans la perception, par le magnétisé, de la pensée de l'opérateur non exprimée par la parole et par les gestes, mais seulement par une opération mentale. Cette perception avait lieu dans l'état de somnambulisme.

En 1787, Petetin reconnut la catalepsie ; il signala aussi, dans cet état, la transmission de la pensée sans intermédiaire extérieur appréciable, c'est-à-dire par la suggestion mentale.

Vers la même époque et par la suite de nombreux expérimentateurs se succèdent, admettant toujours l'existence et l'action du fluide magnétique. *Deleuze* et le baron Du Potet sont les plus connus. Ils employaient exclusivement la méthode des passes magnétiques.

En 1841, Braid reconnut que l'on pouvait faire tomber un sujet sensible dans le sommeil magnétique ou, tout au moins, dans un état analogue, sans passes et sans aucune manœuvre de magnétisation par la fixation prolongée d'un objet brillant.

La méthode étant différente il fallait un nom nouveau. On imagina celui d'hypnotisme. (Le mot braidisme a été aussi employé par divers auteurs ; mais, actuellement, il est rarement usité).

Il fallait aussi une explication ou une théorie nouvelle.

Braid affirma que le sommeil hypnotique était dû à la fixité de l'attention et à la concentration de la pensée du sujet sur l'objet qu'on lui donnait à contempler. Et, contrairement aux magnétiseurs, il prétendit que, pour la production du sommeil provoqué, la sensibilité spéciale du sujet était tout et que l'opérateur n'y était pour rien.

Différentes en apparence les deux théories aboutissent, pourtant, à une conclusion commune : c'est que, dans la recherche et dans l'obtention du sommeil provoqué, quelle que soit la méthode employée, deux éléments essentiels entrent en jeu : d'une part la sensibilité variable du sujet, d'autre part la puissance particulière de l'opérateur.

En effet, un même magnétiseur n'influence pas tous ses sujets et ceux qu'il influence subissent son action à des degrés divers d'intensité ; les uns ferment les yeux, ne peuvent plus les ouvrir, mais ne vont pas plus loin ; d'autres éprouvent une simple torpeur, un léger assoupissement ; il en est qui parviennent à un sommeil véritable et profond.

Un grand nombre ont conscience de tout ce qui se passe autour d'eux ; quelques-uns ne se rappellent rien après qu'ils sont revenus à l'état normal. En outre, le temps après lequel l'effet magnétique se manifeste est également différent pour chaque sujet. Quelques-uns sont totalement influencés au maximum après quelques secondes ou quelques minutes ; chez d'autres, les effets ne se montrent qu'après un quart d'heure ou une demi-heure et ces effets peuvent être fugaces ou très légers.

On doit donc admettre chez le sujet une sensibilité naturelle et spéciale qui lui est personnelle.

D'autre part, un même sujet est impressionné par un opérateur et ne l'est pas par un autre. Tel opérateur obtient, habituellement, des effets très faibles, tandis qu'un autre en obtient toujours de très intenses.

Par conséquent, l'opérateur joue, dans la magnétisation, un rôle influent dont il faut tenir compte et qui dépend de son habileté, de son énergie, de son habitude, de la confiance que le sujet lui témoigne et de l'autorité qu'il lui attribue.

Des considérations analogues existent dans l'hypnotisation. Tout en admettant que la sensibilité du sujet peut avoir un effet prépondérant, il n'en est pas moins vrai que la volonté de l'hypnotiseur est en jeu et que son action s'exerce forcément. Donc les mêmes éléments interviennent comme dans la magnétisation et les mêmes remarques peuvent être faites dans l'appréciation des résultats.

Or, l'expérience démontre que ces résultats sont les mêmes dans les deux méthodes. Par conséquent on doit considérer le magnétisme et l'hypnotisme comme étant absolument identiques. Les méthodes employées sont seules différentes. L'intransigeance de quelques savants magnétiseurs, professionnels du magnétisme, qui ne veulent pas accepter cette identité, ne me semble pas justifiée. D'autant plus que, depuis Braid, des procédés plus simples et plus rapides ont été imaginés à l'aide desquels on réussit, tout aussi bien que par les passes et les manœuvres d'autrefois, et sans la fixation d'un corps brillant, à développer l'influence magnétique ou hypnotique.

On y parvient, actuellement, par l'imposition des mains sur le front, sur le cervelet, la nuque, la colonne vertébrale, par la suggestion verbale, par la simple occlusion des yeux, etc. Le mode opératoire varie selon les opérateurs et les sujets. Or, il n'est pas nécessaire et il n'est pas possible de rattacher chaque mode particulier à une science différente.

Nous admettrons, par conséquent, l'identité de l'hypnotisme et du magnétisme. Nous emploierons indifféremment les deux expressions mais, de préférence, celle d'hypnotisme pour nous conformer aux idées modernes le plus généralement admises.

Quels que soient les moyens employés pour induire une personne dans l'état hypnotique, ils satisfont tous à une formule générale qui est la suivante : pendant l'opération, le sujet est soumis à l'action persistante d'une sensation ou d'une idée uniforme, exclusive et continue ; et le résultat, *quand on l'obtient*, aboutit à l'immobilisation de la pensée, à la suspension de l'activité mentale, à la passivité plus ou moins grande du cerveau.

Il en est ainsi, en effet, quand on fait regarder un point fixe, terne ou brillant, quand on fait écouter le tic-tac d'une montre, le bruit du balancier d'une pendule, la vibration d'une sonnerie électrique ; il en est ainsi quand on exerce des frictions dans le dos, qu'on maintient les mains sur le front, sur le sommet de la tête, sur l'estomac, sur la colonne vertébrale, quand on fait des passes avec les deux mains ou avec une seule au devant du sujet, avec ou sans contact, depuis la tête jusqu'à l'estomac, jusqu'aux genoux ou jusqu'aux pieds.

Toutes ces opérations (et on peut en imaginer bien d'autres) fixent l'attention du sujet, suspendent sa pensée, provoquent la passivité du cerveau et déterminent la formation d'un état nerveux anormal qui constitue l'état hypnotique dont le sujet est susceptible.

Cet état hypnotique présente, selon les personnes, des variétés nombreuses depuis le simple engourdissement jusqu'au sommeil le plus profond, selon le procédé employé pour le provoquer, selon la nature, l'intensité et la durée d'action de la cause déterminante.

Il peut être excessivement léger et il ne diffère presque pas de l'état nerveux ordinaire et habituel qui correspond à l'état de veille ; il peut aussi être très intense et ressembler au sommeil naturel le plus fort. Entre ces deux extrêmes il existe une foule d'états intermédiaires et gradués.

Il n'y a donc pas un état hypnotique unique et toujours le même, mais des états hypnotiques variés. Et on peut affirmer que chaque sujet en présente une variété qui lui est propre et n'appartient qu'à lui.

Quelques personnes plus spécialement sensibles peuvent acquérir cet état nerveux sans préparation préalable, sur simple injonction de l'opérateur. Il en est qui peuvent, d'elles-mêmes, se mettre dans le sommeil nerveux par leur seule volonté, par une faculté naturelle qui leur est personnelle.

Enfin, il est probable que tout le monde, sans exception, peut, après un entraînement méthodique et régulier, se mettre dans un degré plus ou moins élevé d'auto-hypnotisation ou, plutôt, d'auto-hypnotisme.

Je n'ai pas l'intention de reprendre ici l'étude détaillée de l'hypnotisme et de ses nombreuses applications. Cette étude a déjà été faite dans mes ouvrages précédents.

Je me bornerai à rappeler que le sujet hypnotisé ou simplement hypnotisable, subit souvent, en totalité ou en partie, l'influence de la volonté de l'opérateur. S'il peut s'hypnotiser lui-même il peut aussi s'influencer par sa propre volonté.

Dans les deux cas il possède une qualité précieuse : la suggestibilité ; c'est-à-dire qu'il obéit ou tend à obéir aux affirmations qui lui sont faites, aux ordres qui lui sont donnés, ou bien aux affirmations qu'il se fait lui-même, aux ordres qu'il se donne volontairement.

Ces ordres, ces affirmations sont des suggestions. Le sujet suggestible accepte les suggestions ; il les réalise ou tend à les réaliser.

Plus généralement, on appelle suggestion toute influence exercée sur les fonctions cérébrales par une impression quelconque transmise au cerveau et perçue par lui.

Cette influence suggestive se produit constamment ou a tendance à se produire chaque fois que deux ou plusieurs personnes sont en présence. En effet toute parole prononcée suggère chez l'auditeur une pensée ou une réponse ; tout mouvement entraîne un mouvement correspondant. Si quelqu'un vous sourit vous êtes porté à lui sourire et à lui être agréable ; si l'on vous menace vous cherchez à vous défendre ou à vous mettre en sûreté.

Avec cette définition, tout ce qui se dit, tout ce qui se fait, la moindre circonstance, le plus insignifiant des événements sont autant de causes ou des effets de suggestion.

Au point de vue qui nous occupe actuellement et qui est d'utiliser la suggestibilité d'un sujet sensible, la définition doit être modifiée.

On appelle suggestion une opération par laquelle une personne étrangère cherche à concentrer l'attention et la volonté d'une autre personne sur une idée fixe dans le but d'obtenir un effet déterminé. Cet effet est, généralement, la transformation de cette idée en un acte à réaliser immédiatement ou plus tard.

Cette opération peut se faire pendant l'état de veille ; mais, le plus souvent, elle se fait pendant l'état hypnotique.

On donne encore le nom de suggestion à l'idée qui fait l'objet de l'opération et, quelquefois aussi, à l'effet qui en résulte ou devrait en résulter.

Le sujet suggestible semble, parfois, mettre une complaisance réfléchie et volontaire à exécuter ce qu'on lui demande ; par contre, il peut lui arriver de ne pas obéir et d'opposer à la suggestion qui lui déplaît une résistance victorieuse. Pourtant, il ne lui est pas toujours possible de réagir quand, par suite d'une forte sensibilité, il peut atteindre à un degré profond de l'hypnose.

C'est sur cette dernière circonstance, tout à fait exceptionnelle, que l'on se base pour prétendre, à tort, que le sujet hypnotisé est un véritable automate et qu'on peut l'obliger à dire ou à faire tout ce qu'on veut. Il n'en est ainsi que dans de très rares occasions.

La suggestibilité peut encore être mise en œuvre à l'aide de l'auto-suggestion. Le résultat cherché est le même que précédemment ; mais c'est le sujet lui-même qui opère sur lui-même. Il doit se mettre dans un état de passivité aussi complet que possible et faire effort pour concentrer sa pensée sur l'idée exclusive qui se rapporte à la suggestion qu'il veut réaliser.

Dans tous les cas, la durée de l'opération est arbitraire et dépend du temps dont on peut disposer ; plus la séance sera longue et plus souvent la suggestion sera répétée, plus on aura de chances de la voir aboutir.

L'usage de l'hypnotisation et de la suggestion étrangères n'est pas encore accepté par tout le monde, même dans une intention purement thérapeutique.

Il existe dans la masse de la population qui croit savoir, une terreur de l'hypnotisme absolument injustifiée qui en fait redouter l'emploi par un grand nombre de personnes.

Les unes, persuadées qu'on les fera dormir, craignent de ne plus pouvoir se réveiller ; les autres ont peur de devenir des automates entre les mains de l'hypnotiseur, d'aliéner leur liberté de penser et l'indépendance de leurs actes.

Ces dernières sont confirmées dans leurs idées par les ouvrages de certains auteurs qui n'ont jamais opéré par eux-mêmes, ou qui, imbus de théories trop exclusives, appartenant à un autre âge, affirment que la pratique de l'hypnotisme augmente l'excitabilité nerveuse, affaiblit la volonté, crée et développe des prédispositions maladives.

Ces auteurs semblent ignorer que l'hypnotisme contemporain, bien dirigé et manié avec douceur, calme, au contraire, l'irritabilité du système nerveux, accroît la puissance et l'énergie de la volonté, combat souvent la maladie avec succès et procure, en bien des occasions, des guérisons surprenantes qui tiennent presque du miracle.

Un autre motif d'éloignement c'est que l'ensemble du corps médical lui-même a, sur l'hypnotisme, des idées fausses et incomplètes

Certains praticiens considèrent l'hypnotisme comme une simple curiosité et en contestent l'utilité curative ; le plus grand nombre ne sait pas s'en servir et ne veut même pas se donner la peine d'essayer. Ceux qui ont peu de clientèle craignent de ne pas réussir dans leurs essais de magnétisation et de passer pour des charlatans. Ceux qui, au contraire, ont de nombreux clients à visiter, n'ont que des instants trop courts à consacrer à chaque malade et ont plus vite fait de s'en tenir aux prescriptions pharmaceutiques, les séances de sommeil provoqué sont trop longues et leur feraient dépenser un temps précieux.

Enfin la grande raison, la principale, à mon avis, c'est que la majorité du public ne connaît de l'hypnotisme que les expériences publiques faites dans les théâtres, les casinos ou les cafés-concerts par des professionnels de passage.

Pour ces expériences récréatives, l'hypnotiseur fait un choix parmi les personnes de bonne volonté qui veulent bien essayer de son influence et monter sur la scène. Il opère ensuite avec les sujets qui lui ont paru les plus sensibles et les plus capables de réaliser les suggestions qu'il se propose de leur faire. S'il ne rencontre pas de sujets convenables, il utilise des compères parfaitement dressés. L'important pour lui, c'est d'amuser l'assistance et de faire une bonne recette.

Aussi, quand le hasard lui amène une personne bien impressionnable, il ne manque pas de profiter de la bonne aubaine. Il lui importe peu de tourner son sujet en ridicule et de l'obliger à exécuter des suggestions absurdes ou désagréables. Il se complaît, au contraire, dans les suggestions de ce genre et se livre à toutes sortes d'expériences, qui ont pour but de démontrer son pouvoir, d'étonner les spectateurs et de les faire rire aux dépens de sa victime.

Il résulte de là, pour l'hypnotisme, un discrédit inévitable.

Les représentations publiques ont eu, à diverses époques, une utilité incontestable : car elles ont surexcité la curiosité générale et obligé les corps savants à s'occuper d'une science qui, pendant trop longtemps, a été l'objet d'une opposition systématique.

Mais elles ont toujours eu et ont encore, entr'autres inconvénients, celui d'effrayer certains esprits timorés, ignorants ou retardataires, de masquer le côté scientifique de l'hypnotisme et de provoquer une aversion, quelquefois insurmontable, qui en fait refuser l'application en une foule de circonstances dans lesquelles il pourrait être mis en œuvre avec profit po ₁ ₁ (sujet et sans aucun danger pour lui.

L'hypnotisme moderne, actuel, employé pour rendre service à l'opéré, dépourvu, par conséquent, de toute brutalité et de toute curiosité malsaine, est tout à fait bénin, absolument inoffensif, et ne ressemble que de fort loin à l'hypnotisme théâtral et à l'hypnotisme ancien.

Les professionnels de théâtre font étalage de leur puissance et de leur habileté ; ils recherchent surtout des effets de fascination et de stupeur ; ils s'efforcent de réaliser des hallucinations et des illusions des sens ; ils risquent de laisser dans le cerveau du sujet des impressions indélébiles.

Du temps de Charcot, on produisait sur les hystériques des contractures et des paralysies. Les anciens magnétiseurs se proposaient de pousser et d'arriver à la phase du somnambulisme provoqué et de l'insensibilité totale.

Ces pratiques n'étaient pas toujours sans danger et c'est peut-être avec raison qu'on les a accusées d'affaiblir la volonté de l'opéré et de diminuer son esprit d'initiative.

Il n'en est plus de même aujourd'hui.

Des observations innombrables démontrent que, pour être utile, l'hypnotisation n'a pas besoin d'être poussée à ses limites extrêmes ni de manifester des phénomènes extraordinaires et anormaux ; les degrés hypnotiques légers, somnambuloïdes, sont presque toujours suffisants pour aboutir à des résultats favorables.

Ce qu'il importe d'obtenir et de constater c'est la suggestibilité ; la suggestibilité prime tout : elle doit, seule, être recherchée, provoquée, mise en évidence. Elle permet au praticien de développer la volonté du sujet, de fortifier son énergie naturelle, d'accroître son esprit d'initiative au lieu de les annihiler, de pousser au fonctionnement harmonique et régulier des organes, d'amender les symptômes maladifs.

Pratiqué avec fermeté, douceur et bienveillance, l'hypnotisme actuel procure au patient un bien-être général, lui inspire confiance en un avenir meilleur et favorise l'organisme tout entier. L'application de ce mode particulier d'hypnotisme à la thérapeutique médicale est, présentement, justifiée par des guérisons nombreuses et irréfutables.

Aussi, une réaction avantageuse semble se produire dans le monde savant. L'usage en est conseillé dans la plupart des ouvrages récents ayant trait à la médecine et à la chirurgie. L'hypnotisme n'y est plus considéré comme une science occulte et dérisoire, mais comme un moyen particulier de traitement applicable à certains cas spéciaux, comme un médicament nouveau indiqué en des circonstances déterminées, de même que la quinine est préconisée contre les fièvres, l'antipyrine contre la douleur, le salicylate de soude contre le rhumatisme, etc.

Il y a tout lieu d'espérer que cet usage se répandra de plus en plus et que, sans considérer l'hypnotisme comme une panacée universelle, on ne dédaignera pas de s'en servir quand l'indication formelle se montrera ou que les médications habituelles demeureront sans effet.

L'auto-hypnotisation et l'auto-suggestion personnelles ne présentent aucun des inconvénients que l'on peut reprocher à l'hypnotisme et à la suggestion faite par autrui. Elles sont à la portée de tout le monde ; chacun peut les utiliser sans crainte et sans danger.

La personne hypnotisable ou suggestible qui répugne à se confier à l'action d'un étranger et d'en recevoir des suggestions, peut d'elle-même se mettre dans un état d'hypnotisation volontaire et se suggestionner avec profit.

Elle possède une force immense dont elle ne se doute pas, généralement, mais qu'il lui est facile de constater et de diriger avec avantage dès qu'on l'a avertie qu'elle la possède. Il lui suffira de mettre en œuvre sa propre volonté.

En effet, quand un sujet opère, souvent et régulièrement, lui-même sur lui-même, sa pensée et sa volonté ne tardent pas à se discipliner ; l'état de suggestibilité, qui lui est nécessaire et qu'il recherche, s'établit très vite ; et ce sujet peut, par auto-suggestion, obtenir des effets remarquables. Il peut, tout seul, par sa propr volonté, augmenter son énergie morale, sa force physique, maitriser ses passions, combattre ses défauts avec succès, se débarrasser d'une habitude vicieuse, commander, quelquefois, même à la douleur et la supprimer. Il peut, surtout, se rendre insensible à toute influence étrangère et à toute hypnotisation par autrui.

Une fois que l'habitude est prise, l'auto-hypnotisation devient inutile et l'auto-suggestion peut réussir rapidement, presque d'emblée, à l'état de veille complète.

Les séances publiques d'hypnotisme semblent démontrer que les sujets hypnotisés ou hypnotisables sont des abouliques, c'est-à-dire qu'ils sont dépourvus de volonté ou qu'ils ne sont doués que d'une volonté très faible.

Beaucoup d'hypnotiseurs thérapeutes et de nombreux adeptes amateurs partagent cette manière de voir.

Je crois que cette opinion est inexacte et que le manque de volonté chez le sujet suggestible n'est qu'apparent.

En effet, si, pendant la séance d'hypnotisation le sujet ne fait pas acte de volonté, c'est que toute la fixité de son attention est concentrée sur l'idée suggérée. Mais, si la suggestion vient à solliciter la volonté, celle-ci entre en activité et se manifeste aussitôt par des signes irrécusables.

La suggestibilité et la volonté sont des facultés cérébrales distinctes, différentes l'une de l'autre, indépendantes l'une de l'autre. Elles peuvent s'exercer séparément; elles peuvent aussi agir ensemble et de concert ; elles peuvent entrer en lutte et l'emporter alternativement ; elles peuvent aussi ajouter leurs effets.

Ces différents cas pourraient être vérifiés par de nombreux exemples. Je n'en citerai qu'un.

Voici un sujet hypnotisé. Vous faites tourner ses poings l'un autour de l'autre ; la persistance du mouvement indique qu'il y a suggestibilité.

Quand le mouvement est bien régulier et bien acquis, vous mettez le sujet au défi de s'arrêter : « essayez de vous arrêter ; vous ne pouvez pas, vous tournez toujours et malgré vous ».

Le sujet fera des efforts pour arrêter la rotation ; donc, sa volonté intervient ; donc, il a de la volonté.

Il ne parviendra pas à suspendre le mouvement si la suggestibilité est très forte ; mais, parfois, il y réussira, surtout si vous ne renouvelez pas votre défi, si vous ne concentrez pas son attention sur ce défi et si vous n'affirmez pas qu'il y a impossibilité. C'est alors la volonté qui domine et le mouvement s'arrête.

Dans cette expérience les deux facultés agissent indépendamment l'une de l'autre et peuvent, tour à tour, avoir la prépondérance.

Il en sera de même dans tous les cas où les suggestions ne plaisent pas au sujet ; sa volonté peut entrer en jeu d'elle-même et opposer à la suggestion une résistance efficace.

Au contraire, dans les suggestions agréables la volonté vient en aide à la suggestibilité et favorise la réussite.

Par conséquent, on ne peut pas prétendre que le sujet hypnotisé ou hypnotisable est dépourvu de volonté. Cette volonté existe réellement et, à l'occasion, elle opère avec la plus grande énergie.

Personnellement, j'ai pu constater, bien des fois, que des dames et demoiselles, très impressionnables, subissant fortement mon influence, pouvaient, à leur tour, agir volontairement et avec succès sur leur entourage, sur leurs amis, sur leurs connaissances, et, finalement, sur elles-mêmes ; elles parvenaient, par leur volonté, en réagissant sur elles-mêmes par auto-suggestion, à se rendre réfractaires à l'action hypnotique essayée sur elles par toute personne étrangère en qui elles répugnaient de se confier et dont elles ne voulaient pas recevoir de suggestion.

Plusieurs de ces sujets, habitués à être hypnotisés par moi et atteignant à des degrés somnambuliques élevés, ont fait preuve, en des circonstances difficiles ou malheureuses, d'une volonté indomptable et exceptionnelle, ont lutté avec avantage contre l'adversité et ont fini par dominer les événements.

Les personnes suggestibles, peuvent donc se

livrer à l'exercice de l'auto-hypnotisation et de l'auto-suggestion volontaires et personnelles. Elles peuvent le faire sans aucune appréhension et en toute confiance ; elles n'ont qu'à vouloir et elles réussiront à produire sur elles-mêmes des effets très appréciables et tout à fait avantageux.

Les personnes non suggestibles ou qui croient ne pas l'être peuvent acquérir la suggestibilité vis-à-vis d'elles-mêmes par un entraînement méthodique et spécial dont il sera fait mention plus tard.

Toutes ces méthodes sont encore insuffisamment vulgarisées ; elles peuvent être employées en de nombreuses occasions et leur connaissance peut rendre des services inestimables à tous ceux qui voudront bien les étudier et s'en servir.

Elles semblent être tout à fait nouvelles et d'invention récente. Pourtant, en cherchant quelque peu, il ne serait pas difficile d'en trouver trace dans les ouvrages anciens et jusque dans l'antiquité la plus reculée ; mais cette recherche historique ne saurait avoir ici qu'un bien faible intérêt.

Ce qui est certain, c'est que, dans ces dernières années, leur propagation a pris une extension considérable en Amérique et en Angleterre où elles ont donné lieu à de nombreuses publications et à un certain nombre de doctrines particulières ayant pour but le perfectionnement de la santé et du caractère et, par ce perfectionnement, d'arriver à la réussite et au bonheur.

Le fond de toutes ces doctrines consiste dans la concentration de la pensée et de la volonté sur les idées suivantes : négation du mal physique ou moral, confiance dans le succès, optimisme toujours et quand même, malgré le démenti des événements.

Quels en sont les promoteurs modernes ? Il semble bien difficile de le dire. Mais certains auteurs français sont peut-être bien qualifiés pour revendiquer un rang honorable dans la priorité.

Le docteur Durand (Philips) parait avoir posé un premier jalon quand il dit dans son traité de Braidisme : « Le rachitisme de l'intelligence et les déviations du caractère trouveront dans le braidisme leur orthopédie. »

Cette prédiction se vérifie tous les jours dans l'exercice de la suggestion hypnotique ordinaire : elle ne tardera pas à se réaliser plus complètement par l'auto-suggestion volontaire.

Il pose un deuxième jalon quand il indique que l'opération braidique doit être complétée par l'emploi d'une action nouvelle qui est *l'impression mentale*, « c'est-à-dire la suggestion d'idées capables de produire une réaction modificatrice non seulement sur les diverses fonctions du cerveau mais aussi sur les diverses fonctions de la vie organique elle-même » (*Cours de Braidisme 1860*).

On peut objecter que le docteur Philips n'a eu en vue, dans tout cela, que l'hypnotisme ordinaire et la suggestion faite par une personne sur une autre.

On ne saurait en dire autant du Dr Liébeault.

Le Dr Liébeault explique que, dans bien des cas, les bons effets obtenus résultent de l'accumulation de l'attention sur des idées autres que celles de la maladie. Pour lui, l'attention, se détournant de la maladie, cesse de l'entretenir et celle-ci disparaît.

Si vous avez une douleur, physique ou morale, concentrez votre attention sur une occupation ou un travail qui puisse accaparer cette attention ; le cerveau, occupé par l'idée suggestive nouvelle, ne perçoit plus la sensation douloureuse et il arrive, parfois, que cette sensation ne reparaît plus quand le cerveau reprend l'état normal ; « suggestivement, s'améliorent ou guérissent, à l'aide d'un mouvement nerveux en sens contraire de ces phénomènes, un très grand nombre de maladies qui sont le triste apanage de l'espèce humaine »................................

« Chacun même, pour peu qu'il soit impressionnable, peut faire sa besogne ».............

« Et si chacun peut parvenir, jamais, à diriger les rênes de sa pensée, la médication suggestive deviendra la chose essentielle des sciences médicales ; on verra alors les plus ignorants être plus habiles, pour dissiper leurs maux, que les Nestors de toutes les Facultés du monde ».

Le système du Dr Liébeault diffère fort peu, comme on le voit, du mode d'application de l'auto-suggestion volontaire dont nous avons déjà légèrement esquissé le mécanisme et que nous étudierons avec détails par la suite ; très souvent il pourra être mis en usage directement avec succès.

Le Docteur Charcot avait entrevu, lui aussi, la puissance de l'auto-suggestion, si l'on s'en rapporte à un travail qu'il publia en Angleterre et qui avait pour titre : *the faith healing* (la foi qui guérit).

La France peut donc, à bon droit, s'enorgueillir d'avoir entrevu quelques-unes des voies qui conduisent au bon emploi de certaines forces naturelles existant dans l'organisme humain. Ces forces sont demeurées longtemps inconnues parce que leur recherche a été trop dédaignée ; puis, quand on a commencé à les entrevoir, on les a considérées comme inutiles ; ceux qui ont voulu les étudier et ont essayé d'en répandre la connaissance, ont passé, jusqu'à ce jour, pour des utopistes et, peut-être aussi, bien souvent pour des naïfs. Mais la vérité finit toujours par s'imposer.

Néanmoins, il est regrettable de constater que, à ce point de vue spécial, nous sommes fort en retard sur les anglo-saxons et que nous montrons encore trop d'indifférence pour des questions qui méritent une bienveillante curiosité et qui ne tarderont pas à prendre une importance capitale.

Je crois que les causes de cette indifférence doivent être attribuées, en grande partie, aux principes qui ont présidé à notre éducation et président encore à l'éducation des générations actuelles.

Il existe une croyance, à peu près générale, que l'atavisme et l'hérédité sont très fréquents et inévitables.

(L'atavisme est une tendance naturelle de l'organisme à reproduire un type primitif ; l'hérédité est la reproduction, chez les descendants, de défauts et de qualités ayant existé chez les ascendants).

Cette croyance est certainement justifiée par des faits nombreux ; la médecine moderne en tient compte, très souvent et avec raison, dans l'étiologie de certaines maladies.

Mais cette croyance s'accompagne d'une erreur qui consiste dans l'affirmation que les tares ancestrales sont indélébiles et que, par conséquent, il n'y a rien à faire contre elles : il n'y a qu'à les subir et il est impossible de les corriger.

Cette erreur nous a été inculquée dès notre jeune âge, elle domine notre mentalité, annihile notre initiative et empêche notre volonté de se fixer sur des idées modificatrices.

On entend souvent émettre les affirmations suivantes : nous sommes ainsi faits et nous ne pouvons pas nous refaire ; — c'est mon caractère, je ne peux pas le changer ; — tel père, tel fils.

Rien de plus faux que ces maximes. Elles constituent une sorte de fatalisme qui pèse sur un grand nombre d'intelligences et entrave leurs aptitudes et leur liberté d'expansion en leur imposant des idées préconçues, absolument déprimantes.

Sans doute, l'atavisme et l'hérédité existent, mais, pas forcément ni totalement. Les tares ancestrales se propagent souvent aux descendants; mais elles ne sont pas nécessairement transmissibles et n'ont pas toujours un caractère irrévocable. Quand elles existent ou que l'on en constate des traces nuisibles on peut, presque toujours, les corriger, les combattre, les modifier, les supprimer ou les atténuer par des moyens appropriés, par l'éducation, par des travaux spéciaux, par diverses méthodes d'orthopédie physique ou mentale, par des exercices corporels, par le redressement et un usage rationnel de la volonté et de la pensée.

L'hypnotisme secondé par la suggestion est un de ces moyens les plus puissants. Des exemples irréfutables témoignent et démontrent que la suggestion hypnotique peut transformer complètement le caractère, la pensée, la volonté, les aptitudes innées et même des malformations physiques. La preuve de cette transformation est faite depuis longtemps et se renouvelle tous les jours.

Il est donc permis d'admettre, par extension, que l'auto-hypnotisation et l'auto-suggestion volontaires, qui sont des actions de la pensée et de la volonté, peuvent, à leur tour, réagir sur cette pensée et sur cette volonté, les gouverner et les diriger.

Elles peuvent permettre à chacun d'obtenir des modifications dans son état moral et dans son état physique et d'exercer des effets favorables sur toutes les fonctions de son organisme.

Leur usage méthodique et régulier peut supprimer l'appréhension et l'inquiétude, donner et maintenir la tranquillité de l'esprit, contribuer au rétablissement de la santé, combattre la tristesse, s'opposer au découragement, raffermir la confiance, entretenir le bien-être général.

La pensée et la volonté de l'homme sont des forces très souvent irrésistibles qui sont toujours à sa disposition et dont il doit apprendre à se servir au mieux de ses intérêts.

« La nature ne nous domine pas, mais elle obéit, au contraire, à notre impulsion, à notre mouvement intérieur ; elle n'est que le champ mis à notre disposition pour cultiver notre évolution et nous ne pouvons y récolter que ce que nous y avons semé ; en un mot, nous faisons, nous-mêmes notre propre destinée. (*Durville : Magnétisme personnel*). »

On ne saurait se lasser de le répéter avec insistance. La pensée et la volonté exercent à tout instant une influence prépondérante sur toute l'économie. On peut même affirmer que cette influence retentit sur les réactions physiques et chimiques qui se passent dans l'intimité des tissus, dans l'intérieur et dans le jeu de tous les organes.

Ainsi, une émotion subite peut troubler et arrêter la digestion, activer ou suspendre les contractions de l'estomac et de l'intestin, modérer ou accélérer la sécrétion du suc gastrique, occasionner des fermentations anormales, empêcher les actions naturelles, provoquer la constipation ou un flux diarrhéique, entraver, enfin, la nutrition générale.

Si, pour une cause quelconque, un accès de colère, une peur, une joie inespérée, la volonté et la pensée subissent quelque atteinte, même momentanée, il peut survenir des palpitations du cœur ; la circulation du sang est troublée, la respiration aussi ; les échanges pulmonaires ne se font plus avec la régularité habituelle et la composition du sang est altérée ; les sécrétions de toutes sortes sont changées ; tous les échanges interstitiels sont modifiés ; les conditions de la santé et du fonctionnement organique ne sont plus les mêmes ; l'harmonie de l'ensemble n'existe plus.

D'après certains savants, les conséquences chimiques qui résultent des réactions du moral sur le physique peuvent être constatées à l'aide d'appareils spéciaux.

Le professeur *Elmer Gates*, professeur de psycho-physique à l'Institut national *Smithson* à Washington, a fait maintes expériences sur les gaz de la respiration humaine. Il prétend avoir découvert plus de quarante bons produits et autant de mauvais. Il conclut que tout sentiment de malveillance ou de tristesse opère dans les tissus un changement chimique correspondant qui réagit comme un poison et déprime. En revanche, les sentiments de bienveillance et de joie apportent des changements favorables, l'augmentation de la vie et de la santé (*Voir Jules Bois : — Le miracle moderne*).

Les expériences d'Elmer Gates sont déjà anciennes et, pourtant, à peu près inconnues en France.

« En 1879, dit-il, j'ai publié un rapport au sujet d'expériences consistant à faire passer la respiration d'un sujet dans un tube refroidi par de la glace afin de condenser les produits volatils mélangés aux gaz ; ces produits traités par l'iodide de rhodopsine ne donnaient aucun précipité appréciable ».

« Mais si le sujet était en proie à la colère, après une période de cinq minutes, les produits condensés traités de la même façon donnaient un précipité brunâtre indiquant la présence d'un composé chimique attribuable à l'émotion. Ce composé extrait et administré à un homme ou à un animal avait une action stimulante et irritante. Un chagrin extrême, tel que celui causé par la perte d'un enfant, produisait un précipité gris ; le remords un précipité rose, etc. Mes expériences prouvent que la colère, la haine et en général toutes les émotions déprimantes font naître dans l'organisme des composés dangereux dont quelques-uns sont extrêmement toxiques ; par contre, les émotions agréables, joyeuses, produisent des composés chimiques ayant une valeur nutritive et accroissent l'énergie vitale de l'organisme ». (*Leroy-Berrier.* — *Magnétisme personnel.* — *Traduit de l'anglais par Paul Nyssens*).

Par conséquent les différentes manières d'être de la pensée et ses différents travaux, l'activité de la volonté, ses variations ou sa suspension, ont une action faste ou néfaste.

Il y a un intérêt primordial, indiscutable, à savoir diriger sa pensée, à demeurer en possession de sa volonté ; par elles on commande à sa propre nature.

N'oublions pas que, par la pensée et par la volonté, l'homme est en train de conquérir l'univers et de l asservir à ses lois.

Par la pensée et par la volonté, en les utilisant au moyen et sous la forme de l'auto-suggestion et de l'auto-hypnotisation personnelles et volontaires, il peut arriver à la maitrise de soi-même ; il peut corriger ses défauts, augmenter ses qualités, vaincre souvent la maladie et la douleur, retarder la déchéance corporelle et reculer le terme de l'existence.

III

AUTO-SUGGESTION

L'auto-suggestion est une suggestion qu'on se fait à soi-même.

Dans le sens le plus général, l'auto-suggestion est toute influence exercée sur les fonctions cérébrales et perçue par le cerveau quand cette influence provient d'une impulsion intérieure. La cause première de cette impulsion peut, d'ailleurs, avoir son origine dans une excitation venue de l'extérieur et qui provoque une réaction interne.

Dans un sens plus restreint, l'auto-suggestion est une opération mentale par laquelle notre pensée se porte, se concentre et se maintient sur une idée fixe et exclusive ; le résultat de cette opération est la transformation de l'idée en acte ou la tendance à cette transformation.

On donne encore le nom d'auto-suggestion à l'idée qui fait l'objet de l'opération mentale et, quelquefois, aussi, à l'effet qui en résulte ou devrait en résulter.

Si l'action de la pensée, accumulée et persistante, est suffisamment énergique elle aura pour résultat de provoquer la réalisation de l'idée, sa transformation en acte.

Si l'action de la pensée n'est pas assez forte, il y aura seulement tendance à la réalisation de l'idée, à sa transformation en acte.

Mais, quel que soit l'effet produit, même insuffisant ou nul, nous admettrons, d'après la définition donnée, que la suggestion n'en existe pas moins.

La différence qui existe entre la suggestion ordinaire et l'auto-suggestion, c'est que dans la suggestion ordinaire il y a deux personnes, l'opérateur et le sujet ; tandis que, dans l'auto-suggestion, il n'y a qu'une seule personne opérant elle-même sur elle-même et jouant à la fois, par conséquent, le double rôle d'opérateur et de sujet.

Pour bien comprendre les énonciations précédentes, examinons quelques exemples simples.

I. — Vous avez un travail à faire ; vous y pensez depuis quelques jours ; mais, pour un motif ou pour un autre, vous en différez l'exécution.

Cependant, il faudrait en finir, car l'idée de ce travail vous hante, vous harcèle, vous trouble dans vos occupations.

Cette obsession qui domine votre esprit est une auto-suggestion ; l'idée qui en fait l'objet est aussi une auto-suggestion.

Vous prenez brusquement une résolution ferme et vous décidez que tel jour, à telle heure, vous procéderez sérieusement à la confection de votre travail.

Cette résolution n'est pas une auto-suggestion ; vous l'avez prise librement et vous pouvez y renoncer si bon vous semble. Mais elle se transformera en auto-suggestion si votre esprit s'en préoccupe, si l'idée vous importune et se renouvelle plusieurs fois avant l'époque choisie.

Si, au jour et à l'heure choisis, fixés d'avance, vous accomplissez votre travail, vous pourrez dire que l'auto-suggestion s'est réalisée. Si vous ne l'accomplissez pas, l'auto-suggestion aura existé tout de même, mais ne se sera pas réalisée. Enfin, elle pourra être réalisée partiellement si vous avez commencé votre travail, mais sans le terminer.

2. — Vous avez, au genou, une douleur qui vous empêche de marcher.

Le soir, en vous couchant, avant de vous endormir, vous vous dites mentalement : « Demain je marcherai ; je ne souffre plus, je n'ai pas de douleur, je peux marcher ».

Vous persistez dans cette opération mentale et vous la répétez plusieurs fois jusqu'à ce que le sommeil vous gagne ; vous reprenez ces mêmes idées par intervalles, pendant les interruptions de sommeil qui peuvent survenir.

L'acte mental par lequel vous maintenez votre attention sur les idées de marcher et de ne pas souffrir est une opération d'auto-suggestion ; les idées auxquelles s'applique votre attention sont aussi des auto-suggestions.

Si, le lendemain, vous pouvez marcher et si vous ne souffrez plus, c'est que l'auto-suggestion a bien réussi. Si vous ne pouvez pas marcher et que la douleur persiste, c'est que l'auto-suggestion n'a pas produit l'effet désiré.

Il peut se faire aussi que l'auto-suggestion se réalise partiellement ; il en sera ainsi, par exemple, si vous pouvez marcher, mais en ressentant encore de la douleur.

3. — Vous vous disposez à aller dîner chez un ami, dans une famille où vous savez que vous serez le bienvenu, qu'on aura, à votre intention, fait quelques frais supplémentaires. Cette idée vous est agréable ; vous vous y complaisez ; vous y maintenez votre attention et vous vous livrez à une occupation mentale qui entretient votre bonne humeur, surexcite votre appétit et vous encourage dans le désir de le bien satisfaire.

L'opération mentale qui isole et concentre votre pensée sur l'idée de la réception cordiale qui vous attend et sur l'idée de l'excellent repas que vous allez savourer est une auto-suggestion.

Les idées qui font l'objet de cette opération

mentale, c'est-à-dire l'idée du bon accueil et celle du bon dîner, sont aussi des auto-suggestions.

L'auto-suggestion sera réalisée si l'accueil vous est agréable et si le menu vous plaît. Elle ne le sera pas si vous êtes reçu froidement et si vous dînez mal. Elle pourra n'être exécutée qu'en partie si, par exemple, la réception est bien franche mais le repas mauvais.

Dans tous ces exemples le terme auto-suggestion a deux significations différentes : l'une qui concerne l'opération mentale, le travail cérébral, l'acte suggestif ; l'autre qui a trait à l'idée sur laquelle porte et s'exerce l'opération.

Il serait préférable, assurément, d'avoir deux expressions bien séparées, au lieu d'une seule se rapportant à deux désignations bien distinctes. Mais l'usage a prévalu et, du reste, après un peu de pratique, il ne saurait y avoir aucune confusion de langage ni de sens dans l'interprétation des faits.

Par conséquent nous appliquerons indistinctement le mot auto-suggestion, soit à l'opération mentale par laquelle on concentre l'attention sur une idée, soit à l'idée elle-même sur laquelle l'attention se fixe.

L'auto-suggestion, considérée comme acte suggestif, ne diffère guère de la pensée en général, elle constitue un mode particulier de la pensée.

Elle a pour caractère distinctif de succéder à une impression cérébrale plus intense et plus durable que les impressions habituelles. Cette impression est, en quelque sorte, impérative.

Elle représente une pensée qui s'imprime fortement dans le cerveau et y persiste pendant un temps plus ou moins long et, quelquefois, de façon définitive.

En sorte que, tout d'abord simple effet, elle peut, à son tour, devenir cause et modifier (altérer ou perfectionner, suivant les cas) le fonctionnement ordinaire et régulier de la faculté cérébrale ou du sens spécial auxquels elle se rapporte.

Ainsi, par exemple, quelqu'un vous présente un parfum nouveau, une fleur fraîchement cueillie. Vous cherchez à percevoir la finesse et le velouté de l'odeur. Mais, soit parce que vous êtes enrhumé, soit par tout autre motif, vous ne sentez rien.

L'idée vous vient que votre odorat est altéré.

Vous essayez de nouveau : vous persistez à vouloir sentir et vous n'y parvenez pas.

Décidément, votre odorat est mauvais ; peut-être même que vous l'avez totalement perdu, vous n'avez plus d'odorat.

Cette idée s'incruste dans votre cerveau, et dorénavant, dans un cas analogue, il vous sera impossible d'apprécier convenablement les qualités odorantes d'un parfum qui vous est habituel ou d'une fleur que vous connaissez bien.

Voici ce qui s'est passé : le résultat négatif de la première expérience a eu pour effet de créer une auto-suggestion consistant dans cette idée persistante : c'est que votre odorat est aboli. Cette auto-suggestion, à son tour, a déterminé le résultat négatif ultérieur. L'auto-suggestion qui était, tout d'abord un effet s'est transformée en une cause nouvelle qui est venue contrarier et même supprimer complètement votre sens olfactif.

Autre exemple : Un événement quelconque vous rappelle un souvenir lointain, en partie effacé. Ce souvenir vous impressionne ; votre pensée s'y reporte à plusieurs reprises ; les détails deviennent plus précis ; votre attention s'y maintient et s'y accumule ; et vous finissez par vous remémorer toutes les circonstances qui se rapportent à ce souvenir.

Dans ce cas, le premier effet du souvenir du début a été de produire une auto-suggestion c'est-à-dire une pensée persistante : cette pensée s'est développée et, devenant cause, a complètement ravivé votre mémoire et l'a perfectionnée.

Dans le premier exemple l'auto-suggestion avait abouti à un résultat mauvais : dans le deuxième elle a donné un résultat favorable.

Toutes les préoccupations intérieures persistantes, toutes les excitations extérieures qui frappent fortement l'imagination, toutes les pensées qui s'arrêtent longuement sur leur objet toutes les circonstances qui impressionnent vivement l'esprit, apportent du changement dans l'activité cérébrale, des modifications fonctionnelles dans les organes et occasionnent des auto-suggestions, c'est à-dire des idées qui s'implantent profondément dans le cerveau, peuvent se transformer en actes ou créer des impulsions et des tendances vers cette transformation.

Nos actions passées, nos croyances, nos fréquentations, notre mode d'éducation, le degré de notre instruction, nos occupations journalières, notre position sociale, développent en nous des idées spéciales, insolites ou coutumières, que l'on peut considérer comme autant d'auto-suggestions et qui ont une influence dominatrice sur notre mentalité et sur notre conduite.

Aussi, est-il permis d'affirmer que l'auto-suggestion nous gouverne. Elle peut agir sur nous à chaque instant et modifier la répartition ordinaire et régulière de notre force nerveuse. Elle a, par conséquent, une action incessante et prépondérante sur l'innervation de nos organes et le travail de nos appareils. Elle peut être favorable à notre santé ; elle peut lui être défavorable. Elle tient sous sa dépendance l'organisme tout entier. Elle s'exerce même sur les fonctions qui, au premier abord, ne semblent pas pouvoir être influencées par la pensée et par la volonté.

Ainsi, par exemple, combien de personnes se croient dyspeptiques, qui, pourtant, possèdent un excellent estomac ! Elles se garderont bien, dans un dîner, de goûter à tel plat alléchant, qui leur fait envie, parce qu'elles redoutent une mauvaise digestion.

Combien d'autres qui n'osent pas manger de fruits et qui en privent tous les membres de leur famille ! J'en connais qui ne touchent pas au poisson bleu et qui se délectent avec le poisson blanc.

Presque toujours, ce sont là des effets d'auto-suggestion inconsciente.

La pensée possède sur notre santé et sur nos actes une influence continuelle ; elle impose sa suprématie et peut nous être nuisible, si nous manquons de la volonté et de l'énergie nécessaires pour la maîtriser et pour la diriger. C'est la plus grande des forces que nous possédons ; elle est constamment à notre disposition. Loin de nous laisser dominer par elle, nous devons apprendre à la gouverner et à l'utiliser pour nos intérêts et pour notre bien-être.

Dans les circonstances ordinaires de la vie l'auto-suggestion est presque toujours involontaire, tantôt consciente, tantôt inconsciente. Elle se traduit, suivant la cause qui l'a provoquée, par des effets, fugaces ou permanents, qui entraînent des changements, passagers ou durables, dans notre état moral et dans notre état physique. [Nous savons que ces deux états sont solidaires l'un de l'autre et réagissent l'un sur l'autre].

Nos soucis, nos joies, nos chagrins et nos peines, nos succès et nos insuccès sont causes ou effets d'auto-suggestion.

Si nous avons réussi dans une entreprise, notre force morale s'en trouve accrue et nous avons plus d'initiative et plus d'ardeur pour former un projet nouveau, plus d'énergie pour le mener à bonne fin. Nous avons confiance en notre habileté, en notre puissance, en notre bonne étoile. Nous devenons plus actifs, plus laborieux, plus audacieux ; notre volonté est plus ferme, notre décision plus rapide.

L'ensemble de cet état moral est favorable à notre santé, et notre état physique s'en ressent avec profit. Nous sommes plus vifs et plus alertes dans nos mouvements ; notre démarche est aisée, notre parole plus nette, nos gestes plus dégagés, notre conversation est entraînante et agréable.

Nos pensées se succèdent avec justesse, avec précision, et sans hésitation ; nous les exprimons facilement, clairement, avec conviction et assurance. L'irrésolution et le doute n'existent plus ; nous avons la certitude du succès. Toute notre personne reflète la force, l'aisance et la bonne humeur.

Le tableau est totalement différent quand les circonstances premières ne nous ont pas favorisés.

Les gens les plus clairvoyants et les plus avisés, les plus prudents et les plus sages, ne sont pas toujours à l'abri d'un revers de fortune ou d'un événement imprévu. Les combinaisons les mieux établies peuvent se trouver subitement renversées par une surprise fortuite et inattendue.

Nonobstant notre expérience, notre âge, notre savoir, les leçons du passé, nous pouvons être trompés dans nos prévisions, subir un insuccès ou un échec malheureux. Et alors, malgré la fermeté de notre caractère, malgré les raisonnements les plus justes, les arguments les plus convaincants, il se produit dans notre cerveau une impression déprimante qui, simple effet au début, peut devenir une cause persistante de malaise, si nous ne savons pas lui résister ou si nous ne la supprimons pas au plus tôt par quelque moyen approprié.

Cette impression mauvaise peut donner lieu à une auto-suggestion qui nuit au libre travail de la pensée, à la bonne expansion de l'activité cérébrale, à l'équilibre régulier ou à la direction utile de la force nerveuse.

Dès lors, le chagrin nous envahit, le découragement nous accable. Nous manquons de l'énergie nécessaire pour surmonter les obstacles ou pour les écarter ; nous devenons inactifs, timides, irrésolus ; notre volonté ne se fixe pas, elle vagabonde d'une idée à une autre ; nos projets et nos désirs sont variables et inconstants ; nous les modifions sans cesse et sans aucun motif bien défini, nous nous laissons dominer par la crainte, la pusillanimité, le doute et l'indécision.

L'état physique souffre de la débilité de cette situation morale ; il témoigne de notre faiblesse et de notre abattement.

Notre démarche est hésitante, nos gestes incertains, notre parole embarrassée, notre attitude gênée. Tout, dans notre personne, manifeste au dehors l'incohérence et les variations de notre état mental. Le caractère se transforme, devient taciturne ou irascible ; la mauvaise humeur est habituelle, la tristesse insurmontable. Quelquefois la maladie se déclare.

Tels sont, dans leur ensemble, les effets généraux de l'auto-suggestion involontaire, lorsque, non reconnue et non combattue, elle exerce son action, faste ou néfaste, pendant un temps suffisamment long, lui permettant de bien s'établir.

On voit par ce qui précède que l'auto-suggestion, semble occuper tout le domaine qui appartient à la pensée et qu'elle peut étendre son empire sur l'organisme tout entier ; elle domine et accapare tout le champ de l'activité cérébrale et des manifestations mentales ; elle fait partie essentielle de notre vie journalière ; elle donne lieu à la plupart de nos actes et de nos sensations ; elle peut aussi en résulter.

On peut appliquer à l'auto-suggestion toutes les considérations que le professeur Bernheim développe relativement à la suggestion ordinaire.

« Quelle que soit l'origine de cette idée (interne ou externe) elle constitue une suggestion ; la suggestion est dans tout ; .... la suggestion, c'est l'idée, d'où qu'elle vienne, avec toutes ses conséquences, qui s'impose au cerveau et devient acte. Elle est dans les idées courantes dont on se pénètre, dans l'imitation, dans les instincts qui imposent les idées préconçues dans l'éducation philosophique, religieuse, politique, sociale, dans la lecture, dans les excitations de la presse, dans la réclame, etc. ».

L'auto-suggestion a tendance à se produire, à tout instant, en bien ou en mal, pendant le travail intime de l'entendement. Bien souvent, elle ne se développe pas, ne laisse pas de trace et s'évanouit au fur et à mesure de sa formation. Il en est ainsi toutes les fois que le travail cérébral se dépense en des idées multiples, variées, successives, se remplaçant trop vite et ne retenant pas assez l'attention.

Mais, si la pensée s'immobilise, se maintient et persiste sur une idée particulière qui la sollicite vivement, il peut en résulter une influence, durable ou permanente, qui établit ou constitue l'auto-suggestion ; et, comme conséquence, celle-ci donne naissance à des phénomènes anormaux et insolites.

Un grand nombre d'habitudes, bonnes ou vicieuses, certains défauts, certaines qualités ont pour origine première une auto-suggestion.

Les vomissements incoërcibles de la grossesse, les terreurs nocturnes, l'incontinence d'urine, les tics, les manies, la plupart des troubles nerveux et un grand nombre de désordres physiques peuvent la reconnaître pour cause.

C'est à l'auto-suggestion qu'il faut attribuer les bons effets que peut produire la présence du médecin en qui le malade a confiance, les guérisons obtenues par des remèdes anodins ou par de simples pilules de mie de pain données à propos et avec assurance. C'est par elle qu'agissent les amulettes et les talismans. C'est elle qui entretient diverses superstitions se rapportant au nombre treize, au vendredi, au nombre de lumières éclairant le lieu où l'on se trouve, au pouvoir qu'avaient les rois de France de guérir les écrouelles en les touchant.

Pour les non-croyants, l'auto-suggestion peut servir à expliquer les miracles de Lourdes et autres lieux de pélerinage.

Quelques exemples simples peuvent faire comprendre le mécanisme par lequel l'auto-suggestion prend naissance, se fortifie et détermine ses effets.

1. — Dans les premiers mois de la grossesse, l'augmentation de volume de l'utérus occasionne le déplacement de la masse intestinale et une compression de l'estomac dont le fonctionnement normal est gêné. Il en résulte une intolérance réactionnelle qui peut se traduire par des vomissements.

En dehors de certains cas se rapportant à des lésions utérines, la cause de ces vomissements est donc purement mécanique.

D'ordinaire, l'estomac s'habitue peu à peu à la gêne continue dont il est l'objet ; il s'accommode à l'état nouveau ; les digestions se font régulièrement et sans malaise ; les vomissements s'arrêtent et la santé se rétablit.

Mais il peut se faire que la femme, impressionnée très fortement par les premiers accidents et les voyant se renouveler, en attende la répétition, persuadée qu'il doit en être ainsi et qu'il ne peut en être autrement. Sa pensée se fixe sur l'idée du vomissement inévitable et s'y concentre. Dans le cerveau s'introduit et se développe une suggestion dont le sens est celui-ci : « Je vais vomir, je dois vomir, il m'est impossible de ne pas vomir ».

Finalement, cette suggestion aboutit à la reproduction de l'acte qui en a été la première cause ; les vomissements persistent et ne s'arrêtent plus.

Tout d'abord, ils avaient lieu pendant les repas ou immédiatement après ; maintenant ils surviennent à toute heure. Aucune médication pharmaceutique ne peut les empêcher parce qu'elle ne s'adresse pas et ne peut pas s'adresser à la cause nouvelle qui est exclusivement psychique.

Si quelque préparation médicamenteuse vient à réussir, c'est que l'influence du médecin et l'ascendant que la malade lui reconnaît entraînent la confiance dans la guérison et provoquent une suggestion curative de sens contraire à la suggestion maladive ; celle-ci se trouve, ainsi, combattue et supprimée.

2. — Voici un enfant devant lequel on a raconté des histoires de voleurs et d'assassins. Il en a été fortement émotionné et la crainte d'un danger personnel s'est imprimée dans son esprit.

Pendant le jour, cette appréhension semble disparaître par suite des occupations multiples et des distractions continuelles ; mais elle reparaît le soir. L'enfant n'a pas peur précisément ; mais il éprouve une vague émotion en pensant que quelque voleur ou quelque assassin pourrait venir le trouver pendant la nuit. En tout cas, il lui semble utile de prendre quelques précautions.

Aussi, avant de se coucher, l'enfant passe l'inspection de sa chambre ; il regarde sous le lit et sous la table ; il ouvre et referme les armoires ; il déplace les chaises ; et, quand il a tout visité, il pousse les verrous de la porte et ferme la serrure à double tour. Il ne se décide, enfin, à se mettre au lit et à dormir que lorsqu'il a acquis la certitude que personne n'est caché et ne peut pénétrer chez lui.

Malgré toutes ces précautions, il n'est pas tout à fait tranquille ; l'obsession le poursuit pendant le sommeil ; il a du cauchemar et, parfois, se réveille en sursaut, en proie à la plus vive terreur.

On a beau le rassurer, lui affirmer qu'il n'a rien à craindre, lui faire des remontrances, le morigéner de toutes les façons ; rien n'y fait. Il est totalement dominé par l'auto-suggestion.

3. — Cet autre a la mauvaise habitude de pisser au lit. Au début, l'accident était assez rare et ne se produisait que de temps à autre, à intervalles éloignés.

Mais, un jour, la maman s'est fâchée et a grondé ; le résultat a été mauvais et les récidives plus fréquentes.

La mère, alors, a changé de tactique ; elle a promis des récompenses ; l'enfant ne s'est pas corrigé ; au contraire, le mal s'est encore aggravé et, maintenant, c'est presque toutes les nuits que l'incontinence survient.

Ce n'est pas que la bonne volonté manque à l'enfant ; mais c'est plus fort que lui ; il dort profondément et ne peut pas se réveiller à temps.

La cause provocatrice de l'accident provient d'une auto-suggestion qui a pris possession de l'organisme. Cette auto-suggestion est constamment entretenue et accrue par les remontrances, les conseils et les observations de l'entourage qui, inconsciemment, appellent sans cesse et accumulent l'attention sur l'habitude vicieuse.

Cette auto-suggestion peut s'interpréter de la manière suivante : en se couchant, l'enfant pense à l'accident possible ; il se dit, mentalement, qu'il ne pourra pas se réveiller ; il a l'idée qu'il pissera au lit forcément, quelque précaution qu'il prenne : il s'endort avec cette idée et l'idée se réalise.

4. — Monsieur X., pour calmer une toux rebelle, a pris, à plusieurs reprises, quelques cuillerées d'un sirop calmant. Ce sirop est à base de morphine. Or, la morphine, entr'autres méfaits, peut provoquer du ténesme vésical avec difficulté d'uriner.

C'est justement ce qui est arrivé chez M. X ; et comme ce malade ne peut pas s'expliquer le malaise dont il souffre, il se figure qu'il a ou qu'il va avoir une maladie de la vessie.

C'est une auto-suggestion qui est allée en grandissant tous les jours et qui a persisté après la cessation de l'emploi du sirop calmant ; en sorte que la difficulté d'uriner s'est maintenue et est devenue habituelle.

Sur mon affirmation que le mal a été provoqué par le médicament, que la vessie n'est pas lésée et qu'elle va bien fonctionner, les accidents disparaissent rapidement.

Remarque : Il est probable que ce fait d'une auto-suggestion ayant pour cause première l'usage d'un médicament doit se renouveler souvent chez beaucoup de personnes suggestibles.

Car, si tous les remèdes peuvent avoir des avantages, quelques-uns peuvent aussi présenter des inconvénients. Il appartient au médecin traitant de profiter des premiers tout en songean aux seconds afin de les éviter, si c'est possible, soit en variant ou diminuant les doses, soit en modifiant le mode d'administration.

Quand ce n'est pas possible et que les inconvénients surviennent, j'estime qu'il est du devoir du praticien d'en avertir le malade ; il doit l'instruire et le rassurer ; sinon, celui-ci, surtout s'il est hypnotisable et suggestible peut se trouver en butte à des auto-suggestions maladives qui entretiendront le désordre après que toute médication aura cessé.

Comme autres exemples d'auto-suggestions médicamenteuses, je signalerai le coryza dû à l'administration d'une forte dose d'iodure de potassium, les bourdonnements d'oreille causés par le sulfate de quinine, les troubles d'accommodation de la vision provenant de ce qu'on a instillé dans un œil quelques gouttes d'un collyre à l'atropine.

L'auto-suggestion, chez les personnes sensibles, peut conserver ces divers malaises et les rendre persistants.

5. — Il y a quelques années, me trouvant à l'hôpital d'Oran, un de mes confrères me présenta une infirmière qui, depuis la veille, était complètement aphone. Il s'agissait d'un accident qui, depuis plus d'un an, se reproduisait régulièrement à chaque période menstruelle et persistait pendant toute la durée de cette période.

Le confrère me pria d'hypnotiser cette personne. Mais, comme celle-ci semblait très impressionnable, je me contentai de lui faire de la suggestion, à l'état de veille, de la manière suivante : je fermai ses yeux avec deux de mes doigts ; je malaxai légèrement les deux joues ; je fis tirer la langue que je touchai avec le bout de l'index. Puis j'affirmai que la parole était possible et que la voix était revenue. « Allons, vous pouvez parler ; dites : « Bonjour monsieur le docteur ».

La phrase fut prononcée immédiatement. Je permis à la malade d'ouvrir les yeux et je la renvoyai en lui affirmant de nouveau qu'elle était guérie.

La guérison complète fut immédiate et l'aphonie ne reparut plus aux époques menstruelles suivantes.

D'après les renseignements qui nous furent donnés il nous parut probable que l'aphonie était occasionnée par une auto-suggestion inconsciente. Le premier accident était survenu pendant les règles, à la suite d'une vive discussion avec une camarade. Chaque mois, le souvenir intervenait pour provoquer le renouvellement de la crise.

Il y avait donc une auto-suggestion ; et celle-ci disparut sous l'influence de ma suggestion de sens contraire.

Les sens spéciaux, eux-mêmes, peuvent être atteints par l'auto-suggestion et troublés dans la bonne exécution de leurs fonctions. Ils ne sont remis dans leur intégrité et dans leur fonctionnement régulier que par une auto-suggestion contraire ou par une suggestion faite par une personne étrangère, soit à l'état de veille, soit à l'état hypnotique.

6 — J'ai donné quelques séances de suggestion hypnotique à un homme d'âge mûr qui, depuis plusieurs mois, constatait chez lui un affaiblissement progressif de la vue. Il en était arrivé à ne

plus pouvoir lire ni écrire ; dans la rue, à une faible distance, il ne reconnaissait plus personne.

La cause de cette infirmité semblait complètement inconnue. Le client m'affirma avoir consulté un médecin oculiste qui, (d'après lui) n'aurait pu établir de diagnostic exact ni se prononcer sur la nature de l'affection. Ce praticien (toujours au dire du malade) n'avait constaté aucune lésion organique et n'avait reconnu l'existence d'aucune diathèse telle que la syphilis, le tabagisme, le diabète, l'arthritisme, l'alcoolisme, etc. Un traitement avait pourtant été institué, mais sans succès.

Les assertions du malade étaient bien quelque peu contestables ; mais, comme il en paraissait fortement persuadé et qu'il me semblait suffisamment suggestible, je le soumis à la suggestion hypnotique dans un état d'hypnose moyen, sans sommeil (comme cela arrive le plus souvent).

Dès la première séance il éprouva une amélioration et put lire des caractères d'imprimerie d'un demi-centimètre de hauteur qu'il ne distinguait pas, avant l'opération, à la distance normale de la vision.

Le mieux s'accentua à la deuxième séance qui eut lieu deux jours après ; après la troisième, quelques jours plus tard, le sujet pouvait lire n'importe quoi ; la vision dans la rue était devenue distincte. Le traitement fut suspendu.

N'ayant plus revu le malade, au moment où j'écris ces lignes, je n'ai pu savoir si le résultat acquis s'est maintenu. Mais les bons effets obtenus par la suggestion hypnotique semblent bien démontrer que la diminution de la vue reconnaissait, entre autres causes, une influence d'origine psychique et devait tenir en partie, sinon totalement, à quelque auto-suggestion inconsciente et personnelle.

7. — J'ai cité, dans mon traité pratique d'hypnotisme et de suggestion thérapeutiques, un cas d'héméralopie que je résumerai brièvement.

Cette maladie est caractérisée par le bon état de la vision pendant le jour et l'absence presque complète de la vision dès que la nuit arrive.

Il s'agissait d'un enfant de douze ans qui, un soir, ébloui par les étincelles que dégageait un tram électrique en marche, avait dû se faire l'auto-suggestion qu'il n'y voyait plus ; la vue, bonne et intacte pendant la journée, devenait impossible dès la nuit tombante.

La suggestion hypnotique fit disparaître cette anomalie en une seule séance.

8. — Tout dernièrement, j'ai traité une dame de trente-six ans qui, depuis quatre ans, était presque sourde. La surdité était survenue progressivement sans aucune maladie ni aucune

douleur appréciables et rien ne semblait pouvoir l'expliquer ni en déterminer la cause.

A mon avis, cette personne était sous le coup d'une auto-suggestion inconsciente. Il avait dû lui sembler, dans quelque circonstance passée dont elle n'avait pas souvenance, qu'elle n'entendait pas bien. Cette idée avait dû l'émotionner, outre mesure ; elle s'était fortement gravée dans le cerveau, s'y était maintenue et développée.

Quoi qu'il en soit, cette dame, qui était suggestible à un fort degré, fut soumise à une première séance de suggestion hypnotique qui lui procura une amélioration immédiate. Le mieux augmenta rapidement à tel point que la guérison fut complète après quatre ou cinq séances.

Je dois signaler une particularité : c'est que l'oreille la plus sourde fut guérie la première.

Les bons effets du traitement se sont maintenus jusqu'à présent, après environ dix mois.

9. — J'ai connu un jeune homme de vingt-cinq ans qui se plaignait de sentir constamment des mauvaises odeurs.

Il avait eu, plusieurs mois auparavant, des croûtes dans le nez, mais, présentement, il n'y avait pas la moindre trace de lésion ni d'inflammation. Il était donc permis de penser que les altérations de l'odorat déterminées par les désordres antérieurs avaient persisté après la guérison, par suite, fort probablement, de quelque auto-suggestion.

Ce jeune homme fut guéri après quelques opérations de suggestion à un léger degré d'hypnose ; ce qui semble bien démontrer que l'auto-suggestion personnelle était bien en cause.

Les exemples précédents prouvent que l'auto-suggestion peut atteindre les sens spéciaux de la vue, de l'ouïe et de l'odorat.

Je pourrais en citer d'autres, tout aussi nets et convaincants, relatifs à des cas différents ou analogues, ou se rapportant aux sens du goût et du toucher.

Qu'il me soit permis, cependant, d'en ajouter encore un, absolument typique, qui démontre bien l'influence de l'auto-suggestion sur l'appareil digestif.

Un indigène algérien, un arabe atteint de constipation opiniâtre, vint consulter un médecin français. Celui-ci lui remit une ordonnance contenant la formule d'un médicament purgatif et lui dit : « Vous prendrez ceci demain matin et vous serez débarrassé ».

Le malade, qui n'avait pas compris qu'il devait aller chez un pharmacien, avala le papier et fut purgé énergiquement.

Cet heureux résultat ne peut être attribué qu'à une auto-suggestion.

Il m'est arrivé quelquefois d'ordonner, pour des malaises divers, un gramme de chlorure de sodium dans 150 ou 200 grammes d'eau distillée à prendre par cuillerées à café, à intervalles bien déterminés. J'avais le soin de bien recommander au malade de ne pas dépasser les doses prescrites à cause de la grande énergie du remède. Les malades ont, presque toujours, retiré les meilleurs effets de cette prescription, absolument anodine, qui opérait en eux grâce à l'auto-suggestion.

Je n'en finirais pas si je voulais tout citer. Mais, de ce qui précède on peut conclure que l'auto-suggestion involontaire ou inconsciente existe fréquemment. Elle est quelquefois difficile à reconnaître : il faut y songer. Il faut penser à elle dans tous les cas où il subsiste quelque doute sur la cause qui a pu provoquer un désordre dans le travail d'un organe et chaque fois que, avec ou sans lésion organique, la suggestion étrangère, faite à l'état de veille ou pendant l'hypnose, est efficace pour rétablir l'intégrité d'une fonction troublée ou abolie.

On peut appliquer à l'auto-suggestion involontaire ou inconsciente toutes les considérations que j'ai déjà énumérées dans un autre travail à propos de l'hypnose inconsciente ou involontaire.

Si, parfois, elle peut contribuer à des guérisons qui semblent miraculeuses, elle peut nous frapper à l'improviste et à notre insu, occasionner des malaises et des désordres, physiques et moraux, dont la cause nous demeure ignorée. Elle nous guette partout, à chaque instant, en toute circonstance, et nous devons apprendre à la dépister.

L'auto-suggestion involontaire qui s'est établie d'elle-même, que nous en ayons eu ou non conscience, peut être favorable à notre santé ou lui être défavorable. Dans le premier cas elle doit être conservée et accrue : dans le second cas, on doit la combattre et chercher à la supprimer.

Ce double résultat peut être obtenu par l'emploi de l'auto-suggestion volontaire.

L'auto-suggestion volontaire a pour but de se donner à soi-même une suggestion utile.

On peut aussi la désigner sous le nom d'auto-suggestion personnelle pour la différencier de la suggestion étrangère faite par une autre personne.

La pratique de l'auto-suggestion personnelle ne peut jamais être nuisible ni entraîner aucun inconvénient. Elle peut ne pas réussir si on n'y met pas assez d'énergie ou de persistance, et surtout si on n'a pas de confiance dans le succès possible. Mais, quand elle est convenablement et régulièrement appliquée et qu'elle porte sur une idée réalisable, elle peut aboutir à des résultats inappréciables.

Elle est basée sur les principes suivants qui régissent l'exercice de la suggestion en général.

1. — Toute idée suggérée qui pénètre dans le cerveau produit une impression mentale.

2. — Toute idée suffisamment répétée finit par provoquer la réalisation de l'acte qui lui correspond.

Pour la mise en œuvre de ces principes trois éléments essentiels interviennent, absolument indispensables, qui doivent être utilisés avec leur maximum de puissance pour obtenir des effets rapides et certains.

Ces éléments sont : la volonté de réussir, la confiance dans le succès, la concentration de la pensée sur l'idée qui constitue l'auto-suggestion.

Il n'est pas douteux, non plus, que l'opération devra être faite dans les conditions qui facilitent l'emploi de la suggestion ordinaire, c'est-à-dire que le cerveau devra être mis, au préalable, dans un état à peu près passif et même, quand c'est possible, dans un certain degré d'auto-hypnotisation qui le rendra plus suggestible. Pendant la séance, l'activité cérébrale ne devra être sollicitée par aucune idée étrangère à celle qui se rapporte à l'auto-suggestion voulue.

Ces dernières conditions entraînent, comme accessoires, d'autres conditions adjuvantes auxquelles il sera bon et même nécessaire de satisfaire pour éviter les distractions et maintenir la fixité de l'attention sur l'idée suggestive : l'isolement, le silence, l'absence de tout bruit venant du dehors, l'occlusion des yeux, l'inertie du corps et la suppression de tout mouvement volontaire.

Dès lors, voici comment il faut procéder pour se faire une auto-suggestion utile et profitable.

Pour être plus clair, je prendrai un exemple particulier.

Supposons que vous deviez, prochainement, chanter dans une réunion privée ou dans un concert public.

Certainement, vous possédez une voix juste et agréable, vous connaissez bien votre partition : vous savez déjà que l'assistance vous sera sympathique et que le succès vous attend.

Mais, voilà ! vous avez le *trac*.

Vous craignez d'être intimidé par tous ces regards qui vont se diriger vers vous ; et vous redoutez de vous troubler, de vous laisser impressionner, de faire de fausses notes et, finalement, d'aboutir à un échec.

C'est une auto-suggestion involontaire, dont vous avez conscience et qui vous domine.

Vous pouvez la combattre par une auto-suggestion volontaire.

Isolez-vous dans une chambre solitaire où personne ne viendra vous déranger. Pour plus de sûreté, fermez la porte à clef. Placez-vous commodément sur une chaise ou dans un fauteuil, ou bien allongez-vous sur un canapé, sur un divan ou sur votre lit. Fermez les yeux ; et, si vous craignez de percevoir quelque bruit venant de l'extérieur, bouchez vos oreilles avec un tampon de ouate.

Abandonnez votre corps dans le relâchement aussi complet que possible : l'inertie du corps favorise la passivité de l'esprit et le rend plus accessible à la suggestion ; votre force nerveuse, ne se dépensant pas en mouvements ou en travaux étrangers, se concentrera dans le cerveau, et vous pourrez d'autant mieux l'accumuler sur l'idée que vous voulez réaliser.

Suspendez tout d'abord l'exercice de votre pensée ; essayez de ne penser à rien ; puis, amenez cette pensée sur l'idée qui vous importune et combattez cette idée par une idée contraire : « Je n'ai pas le trac, je chante bien, je ne suis pas émotionné ».

Respirez. Attendez un moment et recommencez : « Je n'ai pas le trac, je chante bien, je ne suis pas émotionné ».

Continuez plusieurs fois : cinq fois, dix fois et même davantage, selon le temps dont vous pouvez disposer

Faites cette opération à plusieurs reprises dans la journée : faites-la dans votre lit, le soir, avant de vous endormir, dans la nuit, si vous ne dormez pas, le matin avant de vous lever, aussitôt après votre réveil.

Si vous la faites avec assurance et conviction vous devez réussir. Cette réussite s'impose ; c'est la déduction naturelle et la conséquence forcée résultant des théories qui ont déjà été émises et de tous les exemples qui ont été cités.

Si l'auto-suggestion inconsciente ou involontaire peut troubler le sens de la vue, celui de l'ouïe ou celui de l'odorat, altérer le travail des organes, nuire au bon fonctionnement de toutes nos facultés, il est logique d'admettre que l'auto-suggestion volontaire peut produire les effets inverses, c'est-à-dire rétablir le sens de la vue, celui de l'ouïe, celui de l'odorat, régulariser le travail des organes, ramener le fonctionnement naturel de toutes nos facultés, rétablir l'harmonie générale.

L'auto-suggestion agira avec d'autant plus de force que les éléments qui y participent seront, eux-mêmes, plus énergiques.

Dans les chapitres qui vont suivre nous allons étudier ces éléments avec quelques détails et indiquer des procédés pratiques qui permettront d'éduquer et de rendre dociles la volonté, la confiance en soi, la concentration de la pensée.

IV

ÉDUCATION DE LA VOLONTÉ.

Le système nerveux, dans son ensemble, est formé par deux sortes de substances, de structure et de couleur différentes.

L'une, la substance grise, est composée de cellules (ou neurones) juxtaposées les unes aux autres ; l'autre, la substance blanche, est composée de longs filaments.

Les cellules grises élaborent une force qui est, probablement, analogue, sinon identique, à la force électrique et qui constitue la force nerveuse. Les filaments blancs servent de conducteurs à cette force (comme les fils électriques servent de conducteurs à l'électricité) et la distribuent aux divers organes pour que ceux-ci puissent effectuer le travail qui incombe à chacun d'eux.

Elle s'accroît et se renouvelle par les apports continus qui lui viennent du dehors sous la forme de vibrations lumineuses, calorifiques, électriques, etc., et aussi par les forces dégagées, dans l'organisme et l'intimité des tissus, lors des phénomènes physiques et chimiques de l'assimilation et de la désassimilation, lors de la transformation des aliments composés en aliments plus simples.

La force nerveuse se trouve répartie dans les moindres ramifications du système nerveux ; mais elle est surtout produite et emmagasinée dans les ganglions du grand sympathique, dans la moëlle épinière et dans les masses contenues dans le crâne. Et, comme le cerveau est, de beaucoup, la partie la plus volumineuse et la plus importante de tout le système, on doit le considérer comme étant le siège principal de la force nerveuse. De sorte que, sauf indication contraire, nous pouvons admettre que la force nerveuse émane entièrement ou presque entièrement du cerveau.

Le cerveau n'est pas seulement un producteur et un réservoir de force ; il est aussi susceptible de dépense et de travail.

On appelle *facultés cérébrales* les modes divers par lesquels se manifeste le travail du cerveau.

Telles sont : la pensée, la mémoire, l'intelligence, la réflexion, l'imagination, le jugement, la volonté, etc.

Le bon fonctionnement de chacune de ces facultés semble correspondre à l'intégrité et au bon état d'une région limitée, spéciale à chacune d'elles, et séparée des régions qui se rapportent aux autres.

Ces régions isolées et distinctes constituent les

localisations cérébrales, dites, encore, les centres cérébraux.

On ne connaît bien que quelques-unes de ces localisations ; l'une des mieux établies (quoique non admise par tout le monde) est celle de la parole et du langage articulé, appelée aussi centre ou circonvolution de Broca, du nom de l'illustre chirurgien qui en a fait la découverte ; elle siège dans la troisième circonvolution frontale de l'hémisphère gauche.

L'hypothèse des centres cérébraux, correspondant chacun à une propriété exclusive, est purement théorique pour le plus grand nombre des facultés cérébrales : mais comme elle paraît justifiée pour quelques-unes, on doit la considérer comme très plausible et acceptable.

Il est donc permis d'envisager le cerveau comme formé par une réunion d'organes particuliers dont chacun est préposé à une fonction déterminée et à une seule.

Il y a similitude avec ce qui existe dans les autres systèmes ou appareils divers de l'organisme.

Ainsi, le système de la circulation du sang se compose d'un organe central qui est le cœur et d'organes périphériques qui sont les artères, les veines, les vaisseaux capillaires.

De même, l'appareil digestif comprend une succession d'organes distincts et séparés, ayant chacun un rôle différent et défini ; la bouche, le pharynx, l'œsophage, l'estomac, les intestins. On peut y rattacher des organes annexes, tels que le foie et le pancréas.

La force nerveuse est le grand moteur de la machine humaine ; elle détermine partout la sensibilité et la motricité ; elle provoque et entretient tous les phénomènes de la vie.

A l'état normal, les muscles, le cœur, l'estomac, etc., reçoivent, par l'intermédiaire des nerfs qui les animent, la quantité de force nerveuse nécessaire à leur fonctionnement.

De même, quand la mémoire, la réflexion et les diverses facultés cérébrales sont en activité, les centres cérébraux qui président à ces facultés font une dépense de force nerveuse.

Ceci posé, nous définirons la *volonté* de la manière suivante :

La volonté est une faculté cérébrale par laquelle nous pouvons, *librement*, disposer d'une partie de notre force nerveuse pour la faire servir à un travail déterminé, physique ou intellectuel. Nous pouvons diriger cette force nerveuse et la maintenir fixe sur un objet donné, bien défini, ou sur l'idée de cet objet.

Cette action de la volonté, consistant dans la direction et dans le maintien de la force nerveuse constitue l'*attention*.

L'attention s'accompagne souvent de la *compa-*

raison et de la *réflexion*, facultés qui résultent de la connaissance d'actes antérieurs. Cela lui permet de porter un *jugement* et de prendre une *décision*, à la suite de laquelle la volonté utilise pour un acte nouveau à réaliser, la quantité de force nerveuse nécessaire, indispensable, et pas davantage.

Ceci nous aide à comprendre pourquoi si nous avons à saisir ou à soulever un objet léger et fragile nous n'employons qu'une faible quantité de force et avec précaution. Si, au contraire, l'objet est lourd ou volumineux, nous sommes capables d'un effort considérable, instantané ou continu.

Dans ces deux cas, nous avons, par une opération mentale, utilisé, en vue d'un travail musculaire, une quantité de force nerveuse proportionnelle à la résistance qu'il s'agissait de surmonter.

Dans les deux cas, nous avons fait un acte raisonné de volonté.

Nous pouvons, encore, par notre volonté, accumuler la force nerveuse sur un souvenir lointain, en partie effacé, pour le rendre plus vivace, plus net, plus perceptible.

Nous pouvons aussi la concentrer par l'attention soutenue, sur des idées exclusives, limitées, bien définies, pour la production d'un travail intellectuel ; nous pouvons, par la volonté, en vue de ce travail, mettre en activité la mémoire, l'imagination, l'intelligence et toute autre faculté utile ou nécessaire.

Il résulte de là que la volonté peut intervenir dans l'exercice de toutes les facultés ; elle préside à leur action, elle peut les dominer et les diriger.

De ce fait, la volonté constitue la plus importante manifestation de l'activité cérébrale. Elle peut être considérée comme le critérium, l'image de l'état du cerveau, sa représentation extérieure.

Emanation de la force nerveuse, la volonté peut, à son tour, gouverner une partie de cette force et la faire servir à un travail utile.

Conséquence de l'activité cérébrale, elle réagit, inversement, sur cette activité et peut l'appliquer à une opération déterminée.

Quand la volonté est intacte et qu'elle s'exerce librement et sans obstacle on peut affirmer que le cerveau est sain, qu'il possède toute son intégrité et toute la vigueur dont il peut être capable.

Réciproquement, le bon état du cerveau permet à la volonté de fonctionner régulièrement et avec énergie et de mettre en action utile les autres facultés cérébrales.

Il résulte de toutes ces considérations que la force nerveuse emmagasinée dans le cerveau se trouve, quand la volonté s'exerce, partagée en deux fractions : l'une, que j'appellerai *force de comman-*

dement tend à entretenir la volonté, à la maintenir ferme et inébranlable sur l'idée du but poursuivi ; l'autre, que j'appellerai *force d'exécution* alimente les autres facultés mises en jeu pour la réalisation de cette idée, pour la production du travail nécessaire à l'obtention du résultat désiré.

Plus simplement, la force nerveuse disponible se divise en deux parties, en deux forces secondaires : l'une d'elles alimente le centre cérébral qui préside à la volonté ; l'autre se porte à la localisation cérébrale qui gouverne et actionne l'organe sollicité au travail.

Ces deux forces se dépensent simultanément et séparément pendant que la volonté est agissante; leur intensité a donc tendance à diminuer et ne tarderait pas à s'épuiser si des apports nouveaux et continuels ne venaient compenser la déperdition qu'elles éprouvent.

Mais, pendant que la volonté est en action, le cerveau continue à fabriquer et à recevoir de la force nerveuse ; l'élaboration de cette force nerveuse ne peut jamais s'arrêter ; un arrêt complet ou une diminution trop forte dans cette production entraînerait un ralentissement rapide et, bientôt, la cessation de tous les phénomènes vitaux.

La dépense de force qui maintient la volonté et la dépense de force utilisée pour le travail voulu sont donc compensées par l'apport continu d'une quantité nouvelle de force nerveuse.

Si cet apport est considérable et suffisant, l'activité de la volonté et le travail en exécution pourront se soutenir longtemps.

Si l'apport est faible et insuffisant la volonté faiblira et le travail s'arrêtera ; l'organisme témoignera de son impuissance par une sensation ou un sentiment de fatigue.

Le résultat final est donc sous la dépendance de cet afflux de force nouvelle, c'est-à-dire sous la dépendance du cerveau; il sera d'autant plus grand que la puissance de production du cerveau en force nerveuse sera plus forte et plus rapide.

Par conséquent, si nous voulons accomplir un travail considérable et longtemps soutenu, il est indispensable que la force de volonté d'une part, et la puissance de production du cerveau d'autre part, soient aussi intenses que possible.

Nous allons démontrer, dans les considérations qui vont suivre, que ces deux forces sont solidaires l'une de l'autre et augmentent à la fois quand nous les soumettons séparément et successivement ou seulement l'une d'elles, à un entraînement régulier et convenablement choisi. De telle sorte que si nous parvenons à accroître et à perfectionner l'une quelconque d'entr'elles, l'autre recevra un perfectionnement et un accroissement parallèles et corrélatifs.

La physiologie nous enseigne que tout organe qui travaille d'une façon continue ou à intervalles réguliers suffisamment rapprochés, s'adapte à son travail et se fortifie pour donner de ce travail une plus grande somme ; il prend des habitudes qui réagissent sur sa constitution intime, facilitent son action, la rendent plus efficace et plus puissante.

On a dit avec raison depuis longtemps : c'est la fonction qui fait l'organe. Nous pouvons ajouter que la réciproque est vraie, c'est-à-dire que l'organe fait la fonction.

C'est un double axiome qui se vérifie tous les jours sous nos yeux dans les exercices intellectuels et dans les travaux corporels.

Tel écolier qui, aujourd'hui, n'est capable de retenir par cœur que cinq lignes d'un livre, pourra en apprendre dix dans quelques jours et vingt un peu plus tard ; et, cela, dans le même laps de temps et même dans un temps plus court.

Le petit travail fait par l'écolier dans les premières leçons a développé sa mémoire et celle-ci, à son tour, est devenue apte à fournir un travail plus important.

Un apprenti forgeron pourra manier son marteau avec une facilité de plus en plus grande au fur et à mesure qu'il pratiquera son métier. C'est que les muscles de ses bras, faibles et inhabiles au début, ont acquis plus de vigueur et plus de souplesse par l'usage prolongé ; et, comme conséquence, ils sont devenus capables de faire agir, pendant un temps plus long, **même un outil plus lourd.**

L'exécution méthodique et régulière d'un travail quelconque, corporel ou intellectuel, constitue l'entrainement.

La répétition fréquente développe dans l'organe qui préside à ce travail une aptitude croissante qui permet de le produire plus souvent et d'en fournir une plus grande quantité.

Si l'organe qui travaille est en bon état de santé, bien libre dans son fonctionnement normal et naturel, et si, par conséquent, son travail se rapporte bien et aboutit à la bonne exécution de la fonction qu'il a à remplir, cette fonction se maintiendra dans son intégrité et s'exécutera avec une facilité et une régularité croissantes. Une harmonie heureuse s'établira entre l'organe et la fonction ; l'organe et la fonction réagiront réciproquement l'un sur l'autre, se conserveront dans des conditions favorables et se perfectionneront dans une activité féconde et profitable.

Mais, si quelque anomalie existe dans le jeu du même organe, si cet organe est gêné dans son fonctionnement régulier et naturel par un obstacle voisin ou s'il est lui-même atteint de quelque difformité physique ou de quelque lésion maladive dans sa forme ou dans sa structure, la fonction qui lui incombe sera mal exécutée.

Cette fonction imparfaite réagira, à son tour, sur l'organe ; celui-ci fera effort pour s'adapter à la situation nouvelle et anormale ; il se déformera et s'altérera de plus en plus ; son travail sera irrégulier, désordonné, plus pénible, et finira par devenir nuisible ou impossible.

C'est ainsi, par exemple, que les lésions valvulaires du cœur, en modifiant la circulation du sang dans les oreillettes et dans les ventricules, déterminent la dilatation et l'hypertrophie du muscle cardiaque. La conséquence est, quelquefois, une compensation temporaire qui s'établit entre la fonction à remplir et le jeu du cœur. Mais cette compensation bienfaisante, si on ne la maintient pas par quelque artifice particulier ou par une médication appropriée, ne tarde pas à disparaître sous l'influence persistante des mêmes causes qui lui ont donné naissance ; elle fait place à un désordre définitif, irrémédiable, à l'asystolie, à l'impuissance et à la mort.

Ceci posé, nous devons admettre que, puisque la volonté est une fonction du cerveau, l'exercice de la volonté, surtout si cet exercice est méthodique, régulier, bien approprié à la bonne exécution d'un travail quelconque, favorisera l'accroissement de la puissance cérébrale c'est-à-dire la production par le cerveau d'une plus grande quantité de force nerveuse. Inversement, l'accroissement de la puissance cérébrale réagira sur la volonté, en développera la fermeté et l'énergie.

Ces résultats, réactionnels et réciproques, constitués par l'amélioration simultanée de la volonté et de la puissance cérébrale, s'étendent aux autres facultés mentales, et celles-ci profitent, à leur tour, du perfectionnement cérébral ; la mémoire devient plus fidèle, l'intelligence s'agrandit ; l'aptitude au travail, à la réflexion, à la décision ferme et rapide se trouve augmentée. Et comme toutes les parties de l'organisme dépendent les unes des autres et sont solidaires, il en résulte un bien-être général et un sentiment intime de vigueur et de satisfaction qui domine, à la fois, l'état moral et l'état physique

Cette situation bienfaisante, résultat de l'augmentation de la puissance cérébrale, peut encore être considérée comme une conséquence de l'amélioration qu'a acquise la volonté seule par l'exercice et par l'entraînement ; et ceci, toujours en vertu du même axiome physiologique, parce que la volonté intervient dans la plupart des actes des autres facultés cérébrales ; presque toujours, en effet, c'est la volonté qui les sollicite à l'action.

Quand vous faites un effort de mémoire, quand vous réfléchissez, quand vous cherchez à rappeler un souvenir effacé, quand vous lisez, quand vous écrivez, la volonté participe à votre occupation et accompagne votre pensée ; elle commande à votre force nerveuse, procède à sa distribution et en proportionne la dépense à l'intensité probable de la résistance que vous avez à surmonter et à la difficulté du labeur que vous avez à fournir.

Ce n'est pas tout.

La volonté préside aussi, consciemment ou inconsciemment, à toutes nos actions, à toutes nos occupations physiques, à tous nos exercices musculaires. C'est elle qui gouverne la contraction ou le relâchement des muscles ; elle provoque et arrête, à son gré, tous nos mouvements. Tout effort physique est consécutif à un effort de volonté ; l'effort physique est sous la dépendance de l'effort de volonté et celui-ci se proportionne à l'énergie nécessaire pour accomplir l'effort physique.

Si donc par un entraînement spécial, bien compris et poursuivi pendant un temps suffisant, nous améliorons notre vigueur et notre adresse physiques, réciproquement, la volonté va subir un entraînement concomitant et acquérir une puissance croissante ; à son tour, celle-ci réagira sur le cerveau et lui fera prendre une force nouvelle.

Par conséquent, l'amélioration de l'état corporel physique entraînera, à sa suite, un accroissement de l'énergie volontaire et un perfectionnement des facultés cérébrales.

Cette dernière affirmation, déduction de la théorie, pourra paraître à quelques-uns, hasardée, exagérée ou paradoxale.

Pourtant, rien n'est plus vrai.

Vous ne vous êtes, peut-être, jamais douté que l'entraînement physique et les sports athlétiques avaient une influence directe sur le cerveau et sur ses fonctions ? Mais, remarquez bien que tous ces jeux exigent une attention soutenue, continuelle, et une application constante de la volonté.

On y est maladroit dans les premiers temps. Puis, l'éducation et l'habitude aidant, on acquiert, par la suite, la promptitude dans la décision, la rapidité dans l'exécution ; on arrive à avoir plus de vigueur et plus d'adresse ; l'accroissement de l'esprit d'initiative en est aussi une conséquence ; la timidité, l'appréhension, la crainte s'atténuent. Quant à la volonté, elle se fortifie et s'affine par la répétition d'actes continuels *voulus*.

Voyez cet équipier de foot-ball. Le ballon est loin de lui ; il le suit des yeux dans ses déplacements successifs ; en même temps, il surveille, avec toute son attention, les mouvements de ses partenaires et des équipiers adverses ; et lorsque l'occasion se présente, favorable, il s'empare du ballon, le pousse vers le but avec toute la vigueur et toute la vitesse dont il est capable ; il y emploie toute l'énergie de sa volonté. Et quand il a réussi à envoyer le ballon entre les poteaux, dans le camp de ses adversaires, la satisfaction de la victoire lui fait oublier toutes ses fatigues ; il se sent plus vigoureux et plus résolu.

S'il ne réussit pas, s'il manque le but ou s'il est battu et qu'il perde la partie, il pourra, momentanément, éprouver un sentiment d'ennui et de découragement. Mais, malgré tout, sa peine n'aura pas été inutile ; il se dit qu'il sera plus heureux une autre fois ; dans une occasion nouvelle, il fera des efforts plus énergiques pour arriver à prendre sa revanche.

Dans les deux alternatives, le cerveau a travaillé ; la volonté a été active, les muscles se sont exercés ; tout l'organisme a été mis à contribution.

La santé générale profite de tous ces effets ; des qualités nouvelles peuvent prendre naissance, telles que l'esprit de solidarité, le sentiment d'émulation, les habitudes de courtoisie et de politesse réciproques.

Certainement, il y a le revers de la médaille. Les exercices trop pénibles ou trop souvent répétés peuvent conduire au surmenage et aller contre le but désiré ; mais, il n'y a qu'à les suspendre quand ils occasionnent une trop grande fatigue.

En outre, il peut survenir des accidents : on peut tomber, se faire mal, se casser un bras ou une jambe, avoir un œil poché ou une oreille fendue. Mais, des accidents semblables peuvent arriver dans une foule d'autres circonstances tout à fait ordinaires.

On ne renonce pas à un voyage en chemin de fer parce que le train peut dérailler, on ne recule pas devant une traversée plus ou moins pénible parce que le navire peut faire naufrage. Dans la rue, vous risquez d'être blessé par un cheval emporté ou par une tuile qui vous tombera sur la tête ; et pourtant, cela ne vous empêche pas de sortir.

Il y a, du reste, une particularité atténuante ; c'est que, chez les sujets entraînés, quel que soit le genre de sport ou d'exercice athlétique, les blessures guérissent plus facilement que chez les sujets non entraînés.

J'ai choisi comme exemple un sport violent, actuellement fort en vogue, pour démontrer que le cerveau et la volonté participent réellement et avec profit dans les exercices musculaires. J'aurais pu faire la même démonstration pour bien d'autres cas. La lutte, la boxe, l'escrime, la course, le saut, le lancement du disque, tous les jeux corporels, tous les genres de gymnastique, nécessitent des efforts de volonté, d'intelligence, de mémoire, de réflexion, de jugement, de décision. Ils peuvent donc, tous, être utilisés pour augmenter la puissance du cerveau et de toutes les facultés qui lui appartiennent.

L'histoire de l'antiquité et, en particulier, celle

des Grecs et des Romains, nous prouve surabondamment que les peuples chez lesquels les fêtes athlétiques, ont été en honneur, ont été forts et puissants ; ils ont étendu leur domination et établi leur prépondérance sur les autres peuples, voisins ou éloignés. Et, c'est aux mêmes époques que, chez eux, les productions intellectuelles et artistiques ont été les plus nombreuses, les plus brillantes et les plus remarquables.

La décadence de l'esprit et des qualités morales s'est produite lorsque l'éducation physique individuelle a été remplacée par les jeux du cirque, les combats de gladiateurs, les luttes des esclaves contre les bêtes féroces. La paresse du corps a entraîné la faiblesse des intelligences. Les nations qui, jusqu'à ce moment, paraissaient et étaient invincibles sont devenues la proie facile des envahisseurs barbares.

Les fonctions internes elles-mêmes sont soumises à l'empire de la volonté.

Cela résulte, théoriquement, de la solidarité qui existe entre les diverses parties du système nerveux : cerveau, moëlle épinière, grand sympathique. Nous savons que le moindre phénomène qui se produit dans l'une quelconque des régions de l'organisme peut retentir sur l'ensemble.

Mais on peut le démontrer par l'expérience directe et par l'observation.

Le fait est évident pour l'appareil respiratoire ; nous pouvons, à notre gré, agir sur les mouvements de la respiration, les rendre plus lents ou plus rapides, les faire superficiels ou plus profonds.

Certaines personnes ont la propriété ou plutôt le pouvoir de ralentir et même de suspendre, momentanément, les battements de leur cœur et d'agir, ainsi, sur la circulation générale.

La préhension des aliments, la mastication, la déglutition, le besoin d'uriner, la défécation, dépendent presque complétement de notre volonté.

Par la suggestion étrangère et par l'auto-suggestion personnelle nous pouvons mettre en œuvre la volonté pour influencer notre estomac et notre intestin, modifier même et accroître la sécrétion rénale.

Par conséquent, la volonté étend son pouvoir sur l'organisme tout entier ; elle gouverne partout et il est permis, sans témérité, d'émettre cette affirmation : *la volonté c'est l'homme*.

Quand on est capable d'un effort volontaire, mental ou physique, vigoureux et longuement soutenu, on peut certifier que le corps est sain et robuste. Inversement « la débilité corporelle s'accompagne d'une volonté faible, d'une attention brève et languissante ». (*Payot*).

Tous les auteurs sont d'accord pour admettre que l'homme ne vaut que par sa volonté.

« C'est la volonté qui fait les grands hommes ». (*Mme Fée*).

« Une volonté inflexible surmonte tout ». (*Châteaubriand*)

« Il n'est pas de grand talent sans une grande volonté ». (*Balzac*).

« Le plus puissant des leviers c'est la volonté ». (*De Jussieu*).

« Notre volonté est une force qui commande à toutes les autres lorsque nous la dirigeons avec intelligence ». (*Buffon*).

Je terminerai ces citations par un vieux proverbe bien connu : *vouloir c'est pouvoir*.

Mais, pour pouvoir réellement et beaucoup, il faut vouloir fortement et longuement. Une volonté faible, hésitante, agissant par saccades, par intermittences ou pendant un temps trop court, est généralement insuffisante et ne peut donner que des résultats insignifiants ou nuls ; elle se manifeste par une indécision constamment variable, ne se fixe pas et aboutit souvent à l'impuissance ou à l'inaction

Pour réussir en quoi que ce soit, pour effectuer un travail utile et profitable, pour réaliser un projet de quelque importance, il faut que la volonté soit forte, persistante, continue.

Si donc vous voulez être quelqu'un, si vous voulez sortir de l'ordinaire, si vous avez de l'ambition, si vous voulez avoir de l'autorité sur vous-même et sur les autres, si vous voulez réussir dans vos projets et dans vos entreprises, si vous voulez être heureux, si vous voulez conserver une bonne santé, atténuer ou supprimer les infirmités que vous avez ou qui vous menacent, il faut que vous ayez de la volonté.

Mais cette volonté doit être énergique, continuelle ; elle doit s'exercer sans relâche, constituer, en quelque sorte, votre personnalité et opérer en vous de façon inconsciente.

Quelques rares personnes possèdent, naturellement, une telle volonté. Mais tout le monde, avec de la constance et à la longue, peut l'acquérir par une éducation et un entraînement appropriés et la développer de façon à la rendre de plus en plus énergique et efficace, et de manière, aussi, à l'avoir constamment à sa disposition.

Il faut qu'elle soit transformée en habitude irrésistible.

Cette habitude, comme toutes les habitudes, ne peut se contracter que lentement : il faut du temps et de la persévérance ; et, une fois qu'elle est acquise, il est nécessaire de l'entretenir par un exercice persistant afin de pouvoir la conserver et la faire grandir constamment, le plus possible.

L'éducation de la volonté a justement pour but de créer cette habitude. Par l'éducation de la volonté, par des exercices spéciaux ayant pour objet cette éducation, on parvient à obtenir une sorte d'automatisme qui fait que la moindre impulsion intérieure venue de la pensée, que la plus légère excitation étrangère venue de l'extérieur, ont pour effet de solliciter l'action de la volonté et de la mettre en œuvre rapidement, instantanément, avec toute l'énergie dont elle est susceptible ou qui est nécessaire pour renverser la résistance qui se présente.

Quand l'entraînement est arrivé à ce degré, à peine la pensée d'un acte à réaliser est-elle éclose dans le cerveau, la réaction se produit, immédiatement et sans hésitation. La réflexion, le jugement et la décision sont rapides ; la volonté intervient spontanément pour l'exécution ; il n'y a pas de temps perdu, pas de force gaspillée sur des idées étrangères

Par le moyen de cette volonté toujours prête, transformée en habitude par un dressage prolongé et persistant, on arrive à réaliser, machinalement et sans aucun retard, la fameuse consultation de l'avocat au paysan.

C'est une histoire bien connue.

Un paysan ayant fait quelques bénéfices à la ville par la vente des marchandises qu'il avait apportées au marché, eut la fantaisie d'aller voir un avocat célèbre et de lui demander une consultation.

Une consultation, sur quoi ? L'avocat était fort embarrassé, car son client improvisé n'avait de dissentiment avec personne et vivait en paix avec tout le monde ; il n'y avait pas de consultation à donner. Mais, comme le paysan insistait, déclarant que la dépense ne l'effrayait pas et qu'il paierait tout ce qu'il faudrait, l'avocat finit par prendre une feuille de papier sur laquelle il écrivit quelques mots. « Tenez, dit-il, vous lirez ceci quand vous serez rentré chez vous. »

Le paysan acquitta le prix de la consultation et s'en alla satisfait.

On était à l'époque de la fenaison ; la récolte était abondante et les foins étaient secs à point.

Quand le maître arriva, le personnel de la ferme, ayant terminé les travaux prévus pour la journée, n'avait plus rien à faire ; pourtant, il restait encore quelques heures de jour ; le temps paraissait devoir se maintenir au beau fixe.

On était indécis pour savoir si l'on devait rentrer les foins ce soir même ou remettre cette besogne à plus tard, c'est-à-dire au matin suivant. Chacun donnait son avis, pour ou contre, mais aucune résolution n'était prise.

Tout à coup, le paysan se souvint qu'il avait dans sa poche la consultation que lui avait donnée l'avocat. Il prit le papier, le déplia et lut : *ne remettez jamais au lendemain ce que vous pouvez faire le soir.*

« Allons, allons ! dit-il. Il ne faut pas que j'aie fait une dépense inutile. Au travail, tout de suite, et tout le monde ! »

Les foins furent rentrés. Dans la nuit, une

tempête aussi violente qu'imprévue, se déchaîna sur le pays, emportant ou détériorant les fourrages des propriétaires voisins

Le paysan n'eut qu'à se féliciter d'avoir obéi au conseil de son avocat et d'avoir mis sa récolte en sûreté.

Quand la volonté est bien entraînée, bien dressée à agir, son action se traduit par l'exécution immédiate de tout travail qui se présente. On ne remet pas à plus tard ce qui est à faire tout de suite et on n'est pas exposé à l'obligation de négliger ce même travail si un autre, nouveau et urgent, vient à surgir. L'activité est incessante ; elle est naturelle et facile ; elle s'exerce sans aucune contrainte ; elle n'exige aucun effort apparent ; et il en résulte la satisfaction ininterrompue du devoir accompli et du succès obtenu.

Quand ce but est atteint « il peut y avoir suspension apparente de toute intervention volontaire et consciente lors de l'exécution d'actes qui, primitivement, la nécessitaient ». [*Docteur Contet : les méthodes de rééducation en thérapeutique*].

C'est cette volonté de tous les instants, latente ou visible, continuellement en éveil, qui est utile et profitable.

C'est elle que l'on doit s'efforcer d'acquérir et de conserver; elle constitue l'énergie vraie, persévérante et incessante ; elle n'agit pas brutalement ni par soubresauts ; elle ne s'interrompt jamais. Elle n'est pas toujours apparente ; mais, elle est constamment à notre disposition et prête, sans cesse, à se mettre en activité.

L'exercice de la volonté implique toujours l'idée d'un effort à faire, d'une résistance à surmonter.

Faire un effort, c'est s'appliquer à vaincre une résistance ; c'est la résistance vaincue, c'est l'effort exécuté ou la tentative faite pour vaincre cette résistance qui caractérise la volonté et qui en mesure la puissance.

La répétition de l'effort favorise l'augmentation croissante de la volonté et son perfectionnement.

Cette répétition, surtout si elle est méthodique, régulière et longtemps continuée, présente un double avantage.

D'une part, le cerveau prend, par l'effet de l'entraînement et de l'énergie persévérante, une constitution intime qui perfectionne son fonctionnement et il peut fonctionner plus longtemps sans se fatiguer ; il peut, par conséquent, fournir, pour une même résistance à vaincre, une plus grande quantité de force nerveuse. (En réalité, le travail cérébral provoque une véritable création de cellules nerveuses nouvelles ; de même que, lorsqu'il s'agit d'un muscle, il y a accroissement du nombre et de la force de ses fibres).

D'autre part, la volonté se transformant en habitude par cette même répétition, acquiert plus d'accoutumance au travail, une plus grande aptitude dans l'accomplissement de ce travail, plus de rapidité et plus de précision.

Ainsi donc, la puissance cérébrale et la force de la volonté profitent simultanément.

Nous avons démontré, précédemment, par l'exemple du jeu de foot-ball, que le cerveau et la volonté participent ensemble, dans une large mesure, à la bonne exécution des exercices musculaires.

Il en résulte que les exercices musculaires peuvent être utilisés pour augmenter la puissance du cerveau et pour développer l'énergie de la volonté.

Comme les deux résultats sont solidaires l'un de l'autre et s'obtiennent en même temps, il suffira de poursuivre la réalisation de l'un pour que l'autre se réalise aussi.

Le choix est tout indiqué. Nous appliquerons les exercices musculaires à accroître et fortifier la volonté.

Pour éduquer la volonté, pour la rendre forte et utile, il n'est pas nécessaire d'avoir recours à une gymnastique violente ni à des procédés dangereux.

Les manœuvres trop violentes ou trop pénibles conduisent rapidement au surmenage et détruisent la force au lieu de l'augmenter.

L'expérience prouve que les actions les plus menues, les plus futiles en apparence, peuvent, quand elles sont suffisamment et régulièrement répétées, donner des résultats importants, hors de toute proportion avec les causes. Seulement, il faut y persévérer et ne pas craindre d'y mettre le temps convenable.

Pour que la volonté devienne une habitude, il faut l'exercer pendant longtemps, avec conviction et persévérance.

Pour qu'elle devienne de plus en plus ferme et énergique, il faut lui demander des efforts progressifs et la soumettre à des travaux d'importance et de difficulté croissantes.

Ces bons effets ne peuvent s'acquérir que lentement et à la longue.

On ne devient pas savant du jour au lendemain et sans aucune peine. Il faut, pour cela, se livrer à des études patientes, laborieuses et constamment renouvelées.

On ne peut exceller dans une profession ou dans un art que par un labeur incessant et opiniâtre.

De même, on ne saurait prétendre à posséder une volonté énergique sans préparation et sans travail. Il faut une grande persévérance, soutenue, quelquefois, pendant des semaines, des mois et des années.

Que fait-on dans nos écoles pour développer l'intelligence et la mémoire chez les enfants ? On commence par leur faire apprendre des leçons agréables et faciles : les fables de La Fontaine, par exemple, ou des contes qui les amusent.

On leur demande, tout d'abord, de réciter cinq ou six lignes, puis dix, puis la fable entière. Plus tard, c'est un morceau d'histoire ou de littérature moins intéressant et plus difficile. Enfin, on les oblige à savoir des phrases de grammaire, de latin, de grec ou d'une langue étrangère, auxquelles beaucoup d'entr'eux ne comprennent rien, quoique l'explication en ait été donnée en classe ; et pourtant, presque tous les élèves parviennent à bien réciter, à peu près sans faute et correctement, une leçon aride, incomprise, étudiée à contre-cœur.

Ainsi donc : exercices faciles et agréables ; exercices plus difficiles et indifférents ; exercices ennuyeux, désagréables ou fatigants.

Telle est la gradation.

Un cycle analogue doit être adopté pour l'entraînement du cerveau et l'éducation de la volonté.

On emploiera, tout d'abord, des exercices simples, faciles à exécuter ; puis, d'autres plus compliqués et, enfin, des exercices difficiles, même désagréables ou pénibles, mais sans aller jusqu'à la fatigue. Il faut savoir se borner et s'arrêter avant que la force nerveuse, disponible dans le cerveau et fournie par lui pendant le travail d'entraînement, soit épuisée entièrement. Il y a analogie avec une règle donnée depuis longtemps pour avoir une digestion facile et qui consiste à se lever de table en conservant un peu d'appétit.

On pourrait, comme pour le perfectionnement de la mémoire, choisir des travaux intellectuels de difficultés croissantes. Il est préférable, surtout au début, d'employer des manœuvres physiques et d'avoir recours au système musculaire. De cette façon, on pourra développer la vigueur corporelle tout en exécutant un travail cérébral et volontaire ; et on réalisera le précepte bien connu : *mens sana in corpore sano*.

La méthode consistera donc à faire usage de procédés dans lesquels on utilisera, de préférence, les mouvements des muscles en ayant le soin, toutefois, que ces mouvements soient faits sous le contrôle et avec la participation active de la volonté.

Comme on le voit, la théorie physiologique justifie les idées modernes sur les avantages que présente l'éducation physique.

Mais il ne faudrait pas en conclure que l'éducation physique doit être seule préconisée et usitée et que les facultés morales, intellectuelles et psychiques vont d'elles-mêmes, sans rien faire de spécial et sans y être sollicitées, se perfectionner et s'accroître. Il ne saurait en être ainsi.

Ce qu'il faut bien remarquer et retenir, c'est que l'éducation physique augmente la puissance créatrice du cerveau en force nerveuse. Après quelques séances d'entraînement, on peut facilement constater une augmentation de cette force ; avec un peu d'attention on reconnaît que l'on a plus d'énergie morale et plus de vigueur physique. Il y a un excédant de force qu'il s'agit de savoir employer.

Or, cet excédant, peut être mis à profit de diverses façons.

L'homme qui s'en servira exclusivement pour son amélioration musculaire, pour exécuter plus facilement un travail physique, toujours le même, pourra devenir, en son genre, un champion, un athlète exceptionnel, un ouvrier inimitable. Mais, ses facultés cérébrales n'étant pas invitées à travailler se maintiendront dans un état stationnaire ; il pourra même arriver qu'elles s'étiolent complètement et finissent par disparaître: de telle sorte que notre champion, merveilleux de force et d'adresse, deviendra un être tout à fait inintelligent ; notre ouvrier, si habile dans sa profession, sera un parfait ignorant.

Cette conclusion s'impose et de nombreuses observations la démontrent.

Ainsi, le boulanger, le forgeron et tous les artisans qui travaillent fortement de leurs bras sont, généralement, remarquables par la robustesse de leurs membres supérieurs : mais les membres inférieurs ne possèdent pas le même développement musculaire.

Inversement, les danseurs, les coureurs de profession, les facteurs ruraux qui font à pied de longues marches, acquièrent, le plus souvent, des cuisses et des mollets vigoureux alors que leurs bras sont grêles et relativement faibles.

Pour qu'il y ait acquisition de force et de volume par tous les groupes de muscles, il faut les faire travailler tous, à tour de rôle, soit ensemble, soit séparément.

De même, si l'on veut que les facultés cérébrales prennent part au perfectionnement général, il est indispensable de les mettre en activité, séparément, spécialement, de temps à autre.

Il ne faut pas oublier, en effet, que, si l'organe qui travaille se fortifie, l'organe qui ne travaille pas devient faible et impuissant.

On devra donc réserver une partie de la force nerveuse, nouvellement acquise par l'entraînement physique, pour en faire profiter, de façon spéciale et particulière, telle faculté mentale que l'on voudra améliorer et augmenter ; il faudra soumettre cette faculté à un travail supplémentaire et approprié.

Par cette manière d'agir, il n'y aura pas développement exagéré et exclusif d'une qualité isolée, mais tout l'ensemble de l'organisme sera soumis, successivement, à une amélioration moyenne, graduelle et proportionnelle.

Le travail intellectuel, moral et psychique, doit

donc alterner avec le travail physique, musculaire.

C'est par une juste distribution du travail aux différents organes, par la variété des occupations successives, que pourra s'établir une élégante et utile harmonie entre toutes les fonctions et un juste équilibre dans la répartition de l'énergie générale.

Après un exercice physique il sera, par conséquent, profitable d'appliquer sa mémoire, son intelligence ou toute autre faculté mentale à un travail convenablement choisi et auquel on pourra encore appliquer la volonté.

Cette alternance présente de nouveaux avantages.

En effet, la volonté ayant pris l'habitude d'exercer son empire sur chaque faculté séparée et déjà instruite la trouvera forte et obéissante quand elle aura besoin de s'en servir. Une faculté qui ne serait pas déjà dressée à servir, résisterait ou n'obéirait pas quand elle serait sollicitée par la volonté : la volonté serait impuissante vis-à-vis d'elle et ne pourrait que très faiblement la mettre en action ; du reste, l'action d'une faculté non disciplinée, non exercée, et, partant, diminuée, serait insignifiante.

Certaines personnes, plus particulièrement douées, se spécialisent dans les sciences, dans les lettres ou dans les arts, de manière à acquérir dans le genre qui leur plaît, ou pour lequel elles ont des aptitudes innées ou acquises, une place prépondérante.

Elles ne doivent pas négliger de faire travailler, de temps à autre, leurs autres facultés naturelles et, principalement, celles qui peuvent sembler étrangères à la spécialité choisie, sous peine de rompre l'équilibre qui doit exister entre la santé physique et la santé mentale. La variété dans le travail est une condition indispensable pour le maintien de cet équilibre.

Généralement, il vaut mieux être moyen en plusieurs genres que d'être supérieur en un genre unique.

Le choix des exercices physiques qui doivent être exécutés sous le contrôle de la volonté, avec sa participation raisonnée, et qui ont pour but le développement et l'éducation de cette même volonté, importe peu et peut être varié à l'infini.

Mais, dans l'emploi des procédés, quels qu'ils soient, il faut satisfaire à une condition nécessaire, indispensable, basée sur cette observation physiologique : c'est que le succès dans une entreprise quelconque accroît et fortifie la force nerveuse, tandis que l'insuccès la déprime.

De là, cette règle de conduite : il faut se livrer à des travaux que l'on puisse réussir à coup sûr et mener à bonne fin : il faut s'abstenir de tout travail que l'on n'est pas certain de pouvoir exécuter complètement.

Choisissez donc un exercice physique ou musculaire que vous savez, à l'avance, pouvoir accomplir aisément et exécutez-le jusqu'au bout, d'une seule traite, sans vous y reprendre à plusieurs fois, si c'est possible.

Veillez à ce que votre volonté soit active pendant toute la durée de l'opération ; ne vous abandonnez à aucune idée étrangère, à aucune distraction, à aucune rêverie ; ayez soin que votre attention soit solidement maintenue sur ce que vous faites, que votre effort mental soit réel et persistant depuis le commencement jusqu'à la fin.

Si, pendant l'exécution, vous reconnaissez que votre volonté a cessé d'agir, qu'une pensée différente, ne se rapportant pas à l'occupation voulue, se présente et vous dérange, hâtez-vous de reprendre le fil interrompu de votre idée première, ou bien arrêtez-vous et recommencez.

Si le même fait se reproduit, c'est que l'exercice choisi est trop difficile ou d'une trop longue durée. Simplifiez-le ou prenez-en un autre plus facile ou plus court.

Ainsi, par exemple, vous avez décidé que vous allez frapper vos mains l'une contre l'autre pendant deux minutes consécutives. A un certain moment, vous vous apercevez que votre pensée vagabonde sur quelque idée étrangère ; arrêtez-vous, c'est trop long.

Recommencez en vous fixant une durée d'une minute seulement. Il faut, pour bien réussir, que, pendant toute cette minute, votre attention soit invariable, bien arrêtée sur le battement des mains, et que le mouvement soit constamment conscient et ne devienne pas automatique.

Cependant, lors même qu'il n'en serait pas ainsi pendant toute l'opération, ne vous découragez pas ; vous n'avez pas entièrement perdu votre temps ni dépensé votre force nerveuse en pure perte : vous avez fait quelques efforts volontaires et, par conséquent, réalisé un petit travail utile et profitable ; vous avez légèrement développé votre force physique et exercé votre volonté. Vous ferez mieux une autre fois.

Quand vous serez parvenu à bien réussir, pendant une minute, l'exercice précédent, vous pourrez, le même jour ou le jour suivant, vous fixer un plus long délai.

Vous pouvez encore vous proposer d'exécuter ce même mouvement cinquante fois de suite. Si la distraction, la rêverie ou l'inattention vous surprennent, réduisez le nombre à 40, à 25, à 10. Recommencez jusqu'à ce que vous ayez obtenu un succès complet. En quelques séances d'entraînement vous parviendrez au chiffre de 50 et vous pourrez bientôt le dépasser.

Les mouvements alternatifs ou simultanés d'extension et de flexion des membres supérieurs et inférieurs, que l'on fait dans tous les cours de gymnastique en vue de l'assouplissement du corps, peuvent, en étant combinés de façons diverses, nous fournir une grande variété d'exercices musculaires qui, tout en favorisant le développement des forces physiques, agissent efficacement sur la volonté en l'obligeant à un effort simple, régulier et continu.

Ces exercices ne peuvent pas comporter une durée indéterminée, indéfiniment prolongée. On ne doit pas les pousser jusqu'à la fatigue et il faut, avant tout, éviter l'épuisement et le surmenage ; il faut graduer la difficulté et le nombre, se borner pendant longtemps aux plus simples et à une courte durée.

Il est évident, d'ailleurs, qu'ils sont, de leur nature, forcément intermittents. Du reste, un travail quelconque ne peut être soutenu que pendant un laps de temps limité.

Mais il ne faudrait pas en déduire qu'ils n'ont d'efficacité que pendant leur exécution. Il est facile de comprendre que cette efficacité se prolonge pendant le repos et qu'elle s'établit de façon durable et même définitive.

S'il est vrai, en effet, que la volonté soit en activité pendant la durée de l'exercice et réagisse sur l'ensemble du cerveau pendant cette période d'activité, il est certain aussi que le travail de celui-ci ne s'arrête pas quand la volonté consciente a cessé d'agir. Le travail cérébral continue, mais d'une autre manière.

Et voici pourquoi.

Quand le mouvement musculaire est terminé, que l'effort intellectuel dirigé par la volonté est suspendu, l'état d'équilibre de la force nerveuse, troublé pendant l'opération par la dépense qui a été faite, a tendance à se rétablir grâce à un apport nouveau de force intérieure, puisque la génération de cette force est incessante. Une activité inconsciente existe donc dans les centres nerveux et il y a production de réactions intimes qui ont pour but et pour résultat de remédier à la déperdition de la force employée précédemment, de bien fixer ce qui vient d'être fait et de le perfectionner.

C'est une vue théorique qui se trouve justifiée par l'observation journalière.

Comme preuve, voyez cet écolier qui, le soir, ne sachant pas encore sa leçon du lendemain, l'étudie avant de s'endormir. Pendant le sommeil, la mémoire continue à fonctionner ; le centre cérébral qui y préside, ayant dépensé pendant la veille une partie ou la totalité de la force nerveuse qu'il détenait, attire à lui, par un mouvement d'équilibre, une quantité supplémentaire de force provenant des centres voisins, ou de celle que le cerveau tenait encore en réserve ou, enfin, de celle qu'il élabore de nouveau, de sorte que le travail de la mémoire ne s'arrête pas tout de suite, et, au matin, la leçon est sue.

Vous méditez sur une résolution à prendre ; vous êtes indécis, fortement préoccupé. Vous vous endormez, brisé de fatigue, dans un état d'esprit pénible qui trouble les premières heures de votre sommeil. Au réveil, vous êtes tout surpris d'avoir des idées nettes et justes, d'être débarrassé de vos indécisions, et d'avoir trouvé une solution simple et favorable. La confusion qui existait dans vos idées pendant la veille s'est dissipée pendant la nuit ; le repos a permis à ces idées de se séparer les unes des autres et de se classer séparément.

Et c'est avec raison que l'on peut admettre la justesse de ce proverbe : la nuit porte conseil.

Il s'est passé dans votre cerveau un phénomène analogue à celui qui se produit quand on agite ensemble, dans un même vase, des liquides différents, non miscibles les uns avec les autres, tels, par exemple, que du mercure, de l'huile, de l'eau, du sulfure de carbone. Par le repos, ces liquides se séparent et se superposent en équilibre, dans l'ordre de leurs densités.

Le repos a donc son utilité pour le perfectionnement et la bonne ordonnance des effets qui résultent de l'œuvre accomplie. Aussi, après un travail quelconque, physique, musculaire, cérébral, est-il bon de se livrer au repos, aussi complètement que possible, avant d'entreprendre autre chose.

Si ce n'était, pour quelques personnes, une invite à la paresse, on pourrait, peut-être, conseiller de travailler peu et de se reposer beaucoup.

D'après une croyance fort répandue, le travail physique reposerait du travail intellectuel et réciproquement. Il résulte de cette croyance qu'après une occupation physique on pourrait, sans inconvénient et même avec avantage, entreprendre tout de suite une occupation intellectuelle et inversement.

Tel n'est pas mon avis. Car, si l'un des travaux succède *immédiatement* à l'autre, avant que les cellules cérébrales qui viennent de fonctionner aient eu le temps de se réparer et de récupérer la force employée, la dépense de force nerveuse est doublée ; la réparation à effectuer sera double ; la reconstitution de la force nerveuse sera plus lente et plus pénible puisqu'il y aura, dans le cerveau, moins de cellules intactes pour participer à cette réparation.

J'estime qu'il est préférable de se reposer après un travail quelconque et de n'entreprendre un travail nouveau, quelle qu'en soit la nature, que lorsque la réfection des neurones est complète et que leur intégrité est totalement rétablie ou à peu près.

La persistance d'un travail cérébral, intime

et inconscient, pendant le repos du système musculaire et la cessation de la volonté consciente, peut encore se comprendre, sinon s'expliquer, par diverses comparaisons.

Mettez une goutte d'huile au milieu d'une feuille de papier ; elle imbibera les points voisins et, peu à peu, s'étendra tout autour jusques dans les parties les plus reculées de manière à pénétrer, uniformément, dans toute la feuille.

De même, si, dans le cerveau, une localisation présidant à une faculté isolée a été mise en œuvre, le résultat acquis par son travail, faisant comme la tache d'huile, se communiquera de proche en proche aux régions voisines et finira par influencer la masse toute entière.

Savez-vous ce que c'est qu'un électrophore ? C'est un plateau ou gâteau de résine qui, frotté vigoureusement et plusieurs fois à l'aide d'une peau de chat, se charge d'électricité négative.

Cette électricité, qui, d'abord, ne réside que sur la surface frappée, se répand lentement dans l'intérieur de la résine, y chemine insensiblement, en occupe toute l'épaisseur et s'y conserve; de sorte qu'on peut, quelque temps après et même pendant plusieurs jours, constater la présence de l'électricité en tous les points du gâteau.

Une diffusion analogue se fait dans le cerveau, pendant le repos, après une période de travail. Les modifications intimes, physiques, chimiques ou autres, (encore insuffisamment connues) survenues dans les centres cérébraux mis en activité. se propagent lentement aux autres centres et se disséminent partout lorsque cette activité, s'arrête.

Reprenons.

Un exercice musculaire quelconque ayant été choisi, on peut se proposer de le répéter un nombre de fois déterminé ou pendant une période de temps convenue d'avance. L'opération devra satisfaire aux conditions déjà indiquées, c'est-à-dire que pendant la durée de cette opération la volonté sera persistante, active, et que l'on fera effort pour aller jusqu'au bout, jusqu'à réussite complète, jusqu'à parfaite terminaison.

Voici quelques exemples d'exercices faciles à réaliser.

Les membres supérieurs étant allongés horizontalement, plier l'avant-bras droit sur le bras et allonger de nouveau ; faire ensuite le même mouvement avec le membre gauche. Recommencer à droite et continuer jusqu'au terme fixé dès le début. Pour que le rythme des mouvements soit bien régulier et l'attention plus soutenue on peut compter, à chaque mouvement partiel : 1-2-3-4.

On peut aussi faire simultanément, avec les

deux avant-bras, les deux mouvements de flexion puis les deux mouvements d'extension.

On peut compliquer en ajoutant des mouvements de flexion et d'extension des avant-bras pendant que les bras se portent verticalement d'abord vers le bas puis vers le haut ou inversement.

On peut également utiliser les membres inférieurs, soit pour des mouvements de flexion et d'extension, soit pour des mouvements en avant ou en arrière.

Un bon exercice consiste à aller, tous les jours à la même heure, jusqu'à une certaine distance, sur une route, toujours au même endroit, et revenir au point de départ. Pendant cette promenade, qui doit avoir lieu quel que soit le temps, quelle que soit la saison, quels que soient les motifs contraires, on ne devra se laisser détourner par aucun incident fortuit ni par les personnes de connaissance que l'on pourrait rencontrer sur son chemin. Ce n'est qu'à ces conditions que la volonté sera assujettie à une épreuve sérieuse, ayant une réelle valeur.

On peut encore s'astreindre à compter, une ou plusieurs fois de suite et à heure fixe, les perles d'un collier ou les grains d'un chapelet. Cet exercice ne demande pas d'effort musculaire sensible, mais une attention soutenue ; il ne met guère en œuvre que la volonté, sans aucune fatigue corporelle. A ce titre il convient plus particulièrement aux personnes affaiblies ou malades dont la débilité physique s'oppose à un travail musculaire.

Un exercice plus difficile sera celui de se lever, pendant un certain temps fixé d'avance, pendant un nombre de jours déterminé, à une heure plus matinale que celle dont on a l'habitude. Si l'on craint de ne pouvoir se réveiller au moment voulu, il faut se munir d'un réveil ou prier quelqu'un de vous avertir.

Si vous êtes fumeur, si vous avez l'habitude d'aller au cercle ou au café, décidez que vous ne fumerez plus ou que vous resterez chez vous, sans sortir pendant tant de jours.

Ces derniers exercices sont pénibles. On doit, du reste, considérer comme tel tout exercice qui vient à l'encontre d'une habitude acquise ou invétérée. On doit les réserver pour parfaire l'éducation de la volonté quand celle-ci a déjà acquis un certain développement et qu'elle s'est accrue par d'autres exercices faciles. Leur réussite témoigne que la volonté possède, à ce moment, une vigoureuse fermeté.

Si vous ne réussissez pas dans un exercice ou si vous êtes réellement fatigué avant sa terminaison, vous devez le modifier ou en prendre un autre. Un insuccès ou un effort pénible vous indiquera que vous avez trop présumé de votre force, que votre entraînement n'est pas assez avancé.

Insistez beaucoup et longtemps sur les procédés

simples et faciles ; variez-les, changez-les souvent ; mais habituez-vous à les bien faire, à réussir. N'ajoutez de complications ou de difficultés nouvelles que lentement, avec précaution. Et surtout, n'oubliez pas que pour arriver au but il vous faut du temps, de la patience et de la persévérance.

Vous ne devez pas vous attendre à obtenir tout de suite tout ce que vous demanderez, à voir réaliser du premier coup, d'emblée, tout ce que vous pouvez vous proposer de faire.

Mais vous ne devez pas, non plus, vous laisser rebuter si les premiers résultats ne vous paraissent pas décisifs. ne sont pas suffisamment concluants. Quoi qu'il arrive, il vous faut avoir confiance dans le succès final.

Paris ne s'est pas bâti en un jour : toutes les professions exigent un apprentissage régulier, persistant et prolongé ; le succès définitif dans une entreprise quelconque est souvent retardé par des échecs.

Pour qu'un enfant apprenne à lire, écrire et compter, pour qu'il puisse s'assimiler l'instruction qui lui sera indispensable plus tard dans la société, il faut plusieurs années d'études ininterrompues.

L'homme d'âge mûr lui-même, celui qui a réussi, qui a atteint le but qu'il s'était proposé dans sa jeunesse, l'homme qui est parvenu à la richesse, à une situation avantageuse ou prépondérante, est obligé de travailler tous les jours et sans relâche, sous peine de voir décliner ses qualités. Il se trouvera au-dessous de la tâche qu'il a à remplir s'il n'y apporte pas une application soutenue.

Et vous voudriez posséder tout de suite, presque sans peine et sans préparation, une volonté puissante ? Ce n'est pas possible.

La mémoire, l'intelligence, l'aptitude au travail mental ou physique ne se développent et n'atteignent leur perfection que par un entraînement régulier, lent, continu, graduel et progressif Elles ne se maintiennent dans cette perfection acquise que par l'usage incessant ; on doit les faire travailler presque sans arrêt ; mais le travail, devenu une habitude, ne comporte aucun ennui et s'exécute de façon spontanée.

Il en est de même de la volonté. Elle s'accroît par l'entraînement, c'est-à-dire par la répétition d'exercices simples, longtemps continués et de difficultés croissantes ; elle se conserve par la continuation de ces mêmes exercices ou d'exercices analogues.

Cet entraînement doit être pratiqué par intermittences périodiques, séparées par des intervalles d'inaction, puisque nous avons déjà vu qu'après un travail, quel qu'il soit, il faut une période suffisante de repos pour que le système nerveux puisse récupérer la force dépensée et perfectionner les résultats acquis pendant l'action.

Il sera bon d'y procéder à des heures fixes bien choisies, et bien déterminées, toujours les mêmes, parce qu'il est une loi du système nerveux qui le porte à reproduire, à un moment similaire, l'acte auquel on l'a soumis antérieurement dans une circonstance semblable.

L'exécution de l'acte nouveau est ainsi rendue plus facile ; de sorte que, avec la même dépense de force que précédemment, on pourra solliciter l'ensemble nerveux pour un acte plus énergique, comportant plus de longueur, plus de fatigue ou plus de difficulté.

Ce dernier résultat correspond à une augmentation de la force générale. L'entraînement fortifie l'organisme tout entier, développe l'énergie de la volonté et nous permet d'accroître cette énergie constamment ; il n'y a pas de limite à cet accroissement.

Par cette volonté, incessamment soutenue et fortifiée, nous pouvons arriver à influencer toutes nos fonctions et à posséder la maîtrise de nous-mêmes, aussi bien dans l'ordre intellectuel et psychique que dans l'ordre physique.

Par elle nous pouvons agir sur notre santé générale, supprimer ou diminuer la douleur, nous préparer une vieillesse calme et tranquille, atténuer les infirmités inévitables, nous maintenir en bonne humeur, supporter vaillamment et stoïquement l'adversité si, malgré notre prudence et nos efforts, la fortune nous est contraire et hostile.

L'éducation de la volonté peut être entreprise à toute période de la vie humaine. Pourtant, autant que possible, il vaut mieux commencer dès le jeune âge afin de prendre de bonnes habitudes qui, par la suite, dispenseront d'efforts pénibles de travail corporel et d'application intellectuelle.

Si l'on procède tardivement à cette éducation on peut se heurter à des habitudes mauvaises, déjà invétérées, qui augmentent la difficulté et retardent la réussite.

Néanmoins, malgré ces obstacles, il est possible, même dans un âge avancé, de réaliser des effets appréciables et avantageux.

Tous les résultats obtenus par les exercices qui ont pour but l'éducation de la volonté et tous les bénéfices acquis grâce à cette éducation peuvent être conservés et augmentés en faisant usage de l'auto-suggestion volontaire.

En effet, si la volonté est indispensable pour obtenir une bonne auto-suggestion, réciproquement l'auto-suggestion peut être utilisée pour l'éducation et l'accroissement de la volonté. Elle pourra permettre de concentrer sur cette faculté toute la force nerveuse disponible, toute la puissance et toute l'activité du cerveau.

L'opération auto-suggestive consistera à se

répéter mentalement, qu'on a une volonté forte, une volonté énergique. C'est une leçon qu'il faut faire apprendre au cerveau ; à force de la répéter on finira par la graver profondément ; l'idée sera acceptée, se maintiendra, se développera de plus en plus et, à l'occasion, se traduira en acte.

Du reste, l'auto-suggestion intervient de façon inconsciente dans tous les exercices physiques, musculaires, intellectuels, usités pour le développement de la volonté et s'appliquant spécialement à l'idée de volonté.

On peut l'adjoindre consciemment à la volonté chaque fois qu'on veut utiliser celle-ci pour l'amélioration d'une autre faculté cérébrale particulière, pour l'accomplissement d'un acte considéré comme difficile, pour la correction d'un défaut, pour la suppression d'une habitude vicieuse.

Par exemple, si l'on est d'un naturel emporté, violent et irascible, on devra, pendant l'exercice physique volontaire, se suggérer qu'on est calme et patient. Si l'on s'aperçoit qu'on a le caractère faible et qu'on se laisse facilement influencer, on se fera la suggestion qu'on a le caractère ferme et qu'on ne subit l'influence de personne.

Si, pendant quelques jours, on veut se lever de bon matin, plus tôt qu'à l'ordinaire, on devra, pendant ce même exercice physique, appliquer son attention sur l'idée de se lever, sans fatigue et sans ennui, à l'heure voulue.

De même, si l'on est fumeur, alcoolique, vicieux en quoi que ce soit, on devra, en travaillant physiquement, se faire l'auto-suggestion curative appropriée à ce cas déterminé.

On devra se livrer à la pratique de l'auto-suggestion associée à un exercice volontaire dans les conditions extérieures et accessoires les plus favorables, c'est-à-dire dans le silence, le recueillement, l'isolement, à l'abri des distractions imprévues, et, autant que possible, toujours à la même heure.

Le calme et la tranquillité de la nuit, les moments de repos qui précèdent le sommeil sont éminemment propices pour cette opération. Chaque soir, avant de s'endormir, on peut jeter un coup d'œil rétrospectif sur les événements qui se sont produits dans la journée, sur les faits qui se sont accomplis, et se servir de l'auto-suggestion associée à un exercice physique volontaire pour accroître la volonté, combattre les actes, les idées, les sentiments reconnus mauvais, pour fortifier tout ce qui est bon et utile, entretenir la confiance dans le succès et la foi dans un avenir prospère.

Il n'est pas nécessaire d'y consacrer beaucoup de temps ; l'important c'est d'y penser ; quelques minutes peuvent suffire.

Le choix de l'exercice physique accompagnant

l'auto-suggestion est arbitraire. Je dois pourtant signaler comme excellents les exercices de respiration rythmée, régulière et prolongée, dont il sera fait une étude spéciale dans un chapitre prochain. Ces exercices de respiration aident puissamment à l'éducation de la volonté : le travail physique s'y exécute en même temps que le travail intellectuel et l'auto-suggestion s'y trouve mise en œuvre de la manière la plus profitable.

La volonté que nous venons d'étudier, qu'il nous faut acquérir et éduquer, bien posséder et essayer de transformer en habitude irrésistible, est une faculté mentale, une qualité primordiale qui, dans son action, met en jeu la mémoire, l'intelligence, la réflexion ; elle ne s'applique qu'à ce qui est possible ou semble tel. Elle est sage et prudente, s'appuie sur la raison, le jugement, l'esprit de suite. Elle n'opère ni par saccades ni par intermittences ; mais elle est continue, ferme, persévérante vers le but à atteindre, vers l'acte à réaliser.

Il existe certaines manifestations de l'activité mentale que l'on confond quelquefois avec la volonté mais qui n'ont avec elle que des rapports apparents. Ces manifestations peuvent présenter quelques-uns des caractères qui appartiennent à la volonté mais elles en ont d'autres qui sont différents.

Je crois utile d'en signaler quelques-unes parmi les plus fréquentes, parce que si, parfois, elles sont favorables à l'harmonie générale de l'organisme, elles peuvent, en maintes circonstances, être nuisibles et doivent, dans ce cas, être combattues par le raisonnement et par l'auto-suggestion volontaire.

La plus importante de ces manifestations mentales me semble être *le désir*.

Le désir consiste en une impulsion presque toujours spontanée et irréfléchie, vers la réalisation d'un projet agréable, vers la possession d'un objet qui excite notre convoitise.

Vous entendez parler d'une pièce de théâtre, d'un beau jardin, d'une maison confortable, d'une ville magnifique.

L'idée vous vient d'assister à la représentation de cette pièce, de voir ce beau jardin, d'habiter cette maison, de visiter cette ville.

Ce sont là des désirs.

A la devanture d'un magasin sont exposés un bronze d'art, un tableau de maître ; vous éprouvez le désir de les admirer, de les avoir en votre possession.

Dans tout cela, la volonté est absente ; elle ne se produit et n'existe que si vous donnez satisfaction à vos désirs, s'il y a exécution des actes nécessaires pour obtenir cette satisfaction.

Ainsi donc, le désir est différent de la volonté ; mais il la sollicite ; il provoque son action et peut la décider à exécuter cette action. Il est cause déterminante.

Il peut arriver aussi que le désir soit contraire à la volonté et entre en lutte avec elle.

En effet, quand un même désir se renouvelle plusieurs fois et est réalisé, il peut se transformer en habitude ; il devient alors un besoin et presque une servitude ; si on veut lui résister, on succombe malgré la volonté.

Exemple. Vous avez le désir d'aller une fois, deux fois, dans une réunion d'amis, au café, à l'apéritif. Vous y prenez plaisir. Votre désir se renouvelle et vous y retournez.

Bientôt, vous agissez de façon automatique ; votre désir s'est changé en une nécessité impérieuse ; vous ne lui résistez plus, vous vous abandonnez machinalement à sa contrainte qui vous est douce et agréable.

Si, plus tard, vous voulez y renoncer, en reconnaissant que vous auriez mieux à faire et que vous gaspillez un temps précieux, il vous faudra des efforts énormes de volonté pour ne pas succomber à la tentation et pour recouvrer votre liberté.

Vous êtes fumeur. Un jour, vous vous apercevez que le tabac vous est nuisible ; vous éprouvez des palpitations du cœur, vous ressentez à la gorge un picotement importun qui vous fait tousser ; vos digestions sont lourdes, votre appétit irrégulier, vous avez une haleine mauvaise et désagréable.

Vous prenez la résolution ferme de ne plus fumer ; si vous êtes énergique vous réussirez peut-être à vous contenir pendant quelque temps ; mais l'habitude est acquise et invétérée. Le désir de fumer vous reprend et, à la première occasion, vous recommencez. Votre volonté est devenue impuissante contre le désir trop longtemps satisfait.

De même pour un désir trop longtemps irréalisé ; la répétition d'un désir non réalisé peut se transformer en une passion violente, en une obsession persistante qui trouble la tranquillité de votre esprit et devient nuisible à votre santé. Donnez-lui satisfaction si vous le pouvez ; il est probable que vous retrouverez le calme de vos nerfs et que votre santé en profitera même si l'acte final que vous aurez commis est réprouvé par la morale et contraire à vos intérêts. Mais, dans ce cas, ce n'est pas votre volonté qui est intervenue ; vous avez été entraîné par une impulsion tenace et irrésistible.

La majeure partie des habitudes vicieuses a pour origine un premier désir, faible d'abord, devenu immodéré par la suite, transformé en un besoin impérieux contre lequel toute résistance volontaire et réfléchie est absolument inefficace.

Le *caprice* consiste en des changements d'idée fréquents, irréguliers, sans motifs appréciables qui puissent justifier ces variations : ou bien, il apparaît sous forme d'une passion soudaine, violente, impérieuse.

Il diffère de la volonté parce qu'il se produit en l'absence de toute réflexion, tandis qu'un acte volontaire est toujours précédé d'un acte de réflexion.

Comme le désir, le caprice peut solliciter la volonté, déterminer son action ; il peut aussi entrer en lutte avec elle et quelquefois en triompher.

L'entêtement, l'obstination, l'opiniâtreté ne doivent pas, non plus, être confondus avec la volonté dont ils peuvent être, pourtant, des modes particuliers et exceptionnels.

Ils peuvent consister en impulsions subites et passagères comme le désir et le caprice. Mais, le plus souvent, ils ont pour caractère dominant un attachement trop grand à une idée exclusive, une persistance trop prolongée dans une opinion inexacte ou dans un projet absurde qu'on ne veut pas modifier.

La raison et la réflexion peuvent quelquefois être la cause de cette ténacité ; mais il est des circonstances où les motifs en sont irraisonnés et irréfléchis. La personne se confine dans son idée, s'y retranche complètement, ne veut céder à aucun conseil, à aucune injonction ; elle est de parti pris même quand sa résistance lui apparaît comme ridicule ou nuisible.

Le plus souvent il s'agit d'une question d'amour-propre mal compris, d'un sentiment déplacé de vanité ou d'orgueil.

Ces manières d'être de la volonté sont, ordinairement, des imperfections de caractère ou de véritables défauts. Parfois, cependant, elles représentent des qualités appréciables pouvant avoir leur utilité.

Mais, malgré cette dernière constatation, on ne saurait les encourager ; on ne doit y recourir que le plus rarement possible et seulement quand la raison et le jugement démontrent la nécessité de soutenir énergiquement et fermement une résolution bien réfléchie.

Certaines émotions, des sentiments divers, l'envie, la colère, le dépit, une ambition subite et immodérée, peuvent, parfois, surexciter la volonté et provoquer des résolutions ou des impulsions énergiques ou, même, irrésistibles. Mais, ce sont là des exceptions. Presque toujours elles sont suivies d'une forte dépression morale ou d'une grande fatigue physique à moins que le succès ne soit obtenu. Et encore, dans ce cas, s'il y a acquisition consécutive de force, cette acquisition est factice et passagère, et elle ne suffit pas pour compenser de façon durable la dépense énorme qui a dû être faite.

V

DE LA CONFIANCE EN SOI.

Dans la pratique de la suggestion hypnotique ordinaire la confiance que le sujet accorde à l'opérateur est une condition qui favorise la réussite.

De même, dans l'auto-suggestion personnelle, l'idée suggérée se réalisera plus facilement quand le sujet aura confiance en son propre pouvoir, quand il ne doutera pas du succès.

La *confiance en soi* est un sentiment intime qui consiste dans la croyance ferme que ce que l'on entreprend doit réussir.

C'est une faculté spéciale qui donne à celui qui la possède la conviction de sa valeur personnelle, l'assurance calme de la vigueur et de la puissance, la foi dans l'avenir.

La confiance en soi est innée chez quelques personnes qui, plus particulièrement douées par la nature, favorisées par les hasards de la naissance ou par les circonstances de la vie, n'ont jamais eu d'insuccès, ont toujours vu satisfaire, à souhait et à leur gré, leurs besoins et leurs désirs, et se sentent vouées, instinctivement et fatalement, à la réussite et au bonheur.

Mais ce sont là des exceptions.

Le plus souvent, la confiance en soi est une conséquence réfléchie d'actes antérieurs que l'on a menés à bonne fin, soi-même, ou que l'on a vu accomplir par d'autres à leur entière satisfaction.

C'est une hardiesse acquise, prudente et raisonnée, basée sur la conscience certaine que les moyens dont on dispose sont suffisants pour atteindre le but.

Les succès passés font présager des succès à venir parce que les conditions dans lesquelles se présente une entreprise nouvelle sont analogues ou identiques aux conditions qui existaient lors d'une entreprise précédente ayant donné un heureux résultat.

Si l'on a réussi dans un premier projet, on peut espérer réussir dans un projet semblable et même dans un projet plus difficile, car le travail accompli précédemment a développé la compréhension de ce qui doit être fait pour surmonter les difficultés qui se sont déjà présentées et que, cette fois, on évitera plus facilement.

La confiance en soi est, dans ce cas, un effet de l'expérience passée ; elle s'acquiert en vertu de cette expérience et augmente avec elle proportionnellement.

La confiance en soi est une force qui rend

plus actif, plus audacieux, plus résolu ; mais elle implique l'appréciation exacte que l'on possède les qualités nécessaires pour aboutir et que l'on n'aura pas à affronter des obstacles insurmontables. Elle est un résultat de la réflexion et de la raison.

Elle diffère de la témérité en ce que celle-ci consiste plutôt en un mouvement subit et irraisonné dans lequel la réflexion peut n'avoir aucune part et qui pousse brusquement à entreprendre une action plus hasardeuse que ce qui a déjà été fait ou dont on n'a pas suffisamment étudié les difficultés et les risques.

La confiance en soi ne doit pas, non plus être confondue avec la présomption. Celle-ci se rapporte à une opinion de soi-même trop avantageuse, sans bases suffisamment établies : elle est souvent déterminée par l'orgueil et par la vanité.

L'homme qui possède la confiance en soi sait ce qu'il vaut ; il a l'intuition de ce qu'il peut et il ne veut que ce qu'il peut. Il sait modérer son ambition et restreindre ses désirs.

Consciemment ou inconsciemment, avant de faire quoi que ce soit, il réfléchit et il n'entreprend rien qui soit au-dessus des moyens dont il dispose.

Avant de se lancer dans une spéculation incertaine, avant de passer à l'exécution d'une idée nouvelle, il commence par établir une comparaison avec ce qui a déjà été obtenu, antérieurement, par d'autres ou par lui-même. Il envisage les incidents favorables ou défavorables qui peuvent surgir ; il étudie à l'avance, avec une attention éclairée, ce qui peut se produire et il ne prend sa décision définitive qu'après avoir procédé à un examen minutieux et approfondi.

Il compte sur le succès ; il le veut : il s'y est habitué et il le lui faut Mais pour l'obtenir, il n'expose rien à l'aventure ni au hasard ; aussi est-il prudent et circonspect ; il n'entreprend aucun projet sans savoir, dès le début, jusqu'où il peut aller, sans s'être assuré qu'il pourra le mener à bonne fin.

Aussi, quand il a pris une résolution, il agit sans appréhension et sans crainte, avec assurance, presque avec certitude. Les obstacles, au lieu d'arrêter ou de suspendre son activité, sont un motif de stimulation. Il sent qu'il a l'énergie indispensable pour continuer son œuvre et aller de plus en plus loin : il a la constance et la persistance ; il ne se détourne pas en chemin. il persévère dans l'entreprise commencée jusqu'à terminaison complète ou jusqu'à preuve certaine que cette terminaison est impossible.

Il examine avec sang-froid les difficultés qui peuvent se présenter ; il recherche les moyens de les éviter ou de les écarter ; sa volonté est ferme et tenace ; il ne se laisse pas impressionner par les incidents, prévus ou imprévus, qui se produisent ; il marche droit à son but sans hésitation et avec conviction.

Pourtant, il n'est pas toujours à l'abri de circonstances malheureuses. Mais il ne se laisse pas abattre par l'adversité. Si la fortune lui est contraire, il sait que la roue tourne sans cesse et que, tôt ou tard, il pourra, lui aussi, être favorisé par le sort. Il demeure inébranlable dans la conscience de sa force et dans l'espérance du succès futur.

Si des circonstances fortuites déjouent ses combinaisons le mieux établies, il ne se décourage pas, parce que, un jour ou l'autre, il pourra, à son tour, être privilégié et qu'il rencontrera des éventualités meilleures. Il recherchera et étudiera les causes de ses insuccès : il y puisera des leçons et des indications utiles pour l'avenir.

L'homme qui possède la confiance en soi ne compte pas sur la chance mais sur ses propres actes ; il a la certitude qu'il détient une valeur et une puissance personnelles qui, tôt ou tard, commanderont aux circonstances et qu'il pourra employer au mieux de ses intérêts.

Il conserve son assurance, calme et ferme, en toute occasion et ne laisse jamais entamer son énergie ni son initiative.

Il accepte, sans en être humilié, les conseils et les avis de ceux qu'il reconnaît comme plus savants, plus instruits, plus habiles que lui.

Il se rend compte des procédés employés par ceux qui sont parvenus à se créer une situation avantageuse : mais il n'est pas jaloux de leur prépondérance, il n'est pas envieux de leur supériorité s'ils en ont une réellement. Dans le cas contraire, il se dit, avec raison, que ce qu'un autre a fait il peut le faire aussi ; et il s'efforce de se placer dans les mêmes conditions favorables.

La confiance en soi entretient la tranquillité de l'esprit, favorise la liberté de la pensée, permet à la raison et à la réflexion de s'exercer sans contrainte et d'apprécier sainement, exactement, avec indépendance et sans parti pris, les causes et les effets des événements.

Elle facilite l'exercice de la volonté et lui permet d'agir sans préoccupation, sans crainte, sans appréhension d'aucune sorte, dans la plénitude de son énergie ; elle supprime l'inquiétude et l'anxiété, sentiments qui occasionnent, inutilement, des pertes irréparables de force nerveuse.

Elle empêche également de se tourmenter d'avance au sujet d'événements futurs qui, tout en paraissant probables, ne se réaliseront peut-être pas.

Elle permet de repousser toute idée déprimante relative à l'insuccès, à la pauvreté, à la maladie ou à la mort et conserve, ainsi, l'énergie vitale.

La confiance en soi économise la force nerveuse ; elle en procure un excédant qui pourra être utile dans les circonstances imprévues ou difficiles, et pourra aider à faire face, avec calme et sans émotion, à un péril imminent et subit.

La confiance en soi est donc une qualité précieuse, une puissance morale que nous devons conserver et accroître quand nous la possédons, que nous devons nous efforcer d'acquérir si nous ne l'avons pas.

Elle nous donne l'estime de nous-même, la maîtrise de nos pensées et de nos actions, nous met à l'abri des influences étrangères, nous aide à influencer nos semblables.

Elle chasse la timidité, conserve le calme, empêche la colère, combat la paresse, facilite le goût pour le travail, développe l'aptitude dans son exécution. Elle nous tient en garde contre la flatterie en nous donnant la juste mesure de notre valeur ; elle nous entretient dans des idées de bonté et de bienveillance vis à vis de nos égaux et de nos inférieurs ; elle nous attire la sympathie sans que nous ayons à la rechercher.

L'homme qui est en possession de cette qualité remarquable peut dominer tout ce qui se passe autour de lui. S'il ne se plaint pas quand la réussite lui fait défaut, il ne s'enthousiasme pas, non plus, outre limite quand le succès lui sourit. Certainement, le succès lui est agréable et il en éprouve une satisfaction méritée : mais il le considère comme lui étant dû, parce qu'il l'a préparé par sa volonté, par ses études, par son travail, par sa persévérance.

La confiance en soi se traduit au dehors par des signes physiques. L'attitude est dégagée, le geste régulier, la parole ferme, claire et sans emphase, la démarche libre et aisée. Tout dans l'ensemble, dénote le calme de l'esprit, l'égalité et la force du caractère, la décision et la précision de la pensée.

Lorsque la confiance en soi est bien acquise, bien imprégnée dans le cerveau, elle augmente les forces intellectuelles, la hardiesse, le courage, l'esprit de détermination. Elle en arrive à exercer son action presque spontanément, en dehors de toute réflexion consciente, de tout raisonnement apparent.

Elle constitue alors une véritable auto-suggestion, inconsciente et continuelle.

Cette auto-suggestion permet, quelquefois, de vaincre des difficultés qui seraient considérées comme insurmontables si l'esprit de comparaison et le jugement avaient pu intervenir avant l'entreprise.

C'est par son intermédiaire que la confiance en soi peut déterminer la réalisation d'un effort inusité, réputé impossible, et assurer le succès dans des circonstances exceptionnelles, pourvu que l'idée de l'insuccès probable ne vienne pas contrarier cet effort.

Pour démontrer la vérité de ces dernières assertions je signalerai deux faits rapportés par le Dr Lagrange (de Vichy) dans un travail sur la psychologie de l'entraînement inséré dans la *Revue de l'Hypnotisme* des mois de février et mars 1907.

1 — Un homme parcourt, la nuit, à bicyclette, une route accidentée. Sur un point du trajet se présente une côte extrêmement raide ; mais l'obscurité ne permet pas d'apercevoir le degré d'escarpement de la pente et le cycliste la gravit sans se douter qu'il accomplit un tour de force.

Deux jours après, il suit la même route, mais en plein jour. Arrivé au commencement de la montée et la voyant si raide, l'idée lui vient que l'ascension est au-dessus de ses forces. Il veut l'entreprendre quand même ; mais il reste en panne à moitié du chemin et se voit obligé de mettre pied à terre.

Ici, la suggestion est venue annihiler l'effort. Dans le fait suivant elle va le rendre irrésistible.

2 — Un athlète devait faire, en public, un exercice de poids. Il avait à soulever une barre à sphères d'un volume énorme.

Comme il est d'usage, la barre, bien que fort lourde, était truquée ; les boules de fer qui la terminaient étaient creuses afin de présenter un volume qui étonnât les spectateurs.

Mais un rival de l'athlète avait imaginé de lui

faire manquer son tour et, dans ce but, il substitua aux sphères creuses des sphères pleines de même volume et par conséquent beaucoup plus lourdes. Sachant que l'engin truqué représentait le poids maximum que son camarade eut jamais pu enlever il croyait bien le mettre en échec par cette surcharge.

Mais l'athlète qui, dans ses épreuves antérieures, n'avait jamais pu réussir à enlever la barre à sphères pleines, l'enleva ce jour-là, aisément, convaincu qu'il était d'avoir affaire à celle qu'il manœuvrait tous les jours.

La confiance en soi peut s'acquérir et se fortifier par les même exercices qui ont été indiqués pour l'éducation de la volonté ou par des exercices analogues.

Les plus simples et les plus faciles, excluant toute fatigue, sont les meilleurs ; car, ici, plus que jamais, il faut, avant de commencer un exercice, avoir la certitude qu'on pourra le mener jusqu'au bout. Par conséquent, l'effort faible et modéré est suffisant pourvu qu'il soit répété souvent et toujours poussé à fond. Ce n'est que par exception qu'on devra mettre en œuvre l'effort maximum. On ne doit pas oublier que, pour entretenir et développer la confiance, le succès final est une condition nécessaire et indispensable.

Il faut donc s'astreindre à la règle suivante :

n'entreprendre que ce que l'on est certain e réussir ; ne vouloir que ce que l'on peut ; ne demander que ce que l'on est en droit et en mesure d'obtenir.

Aux manœuvres physiques on pourra adjoindre la pratique de l'auto-suggestion personnelle et volontaire faite, de préférence, la nuit, dans les conditions exigées de silence et de tranquillité.

L'auto-suggestion devra porter sur les idées suivantes : c'est que l'on est fort, hardi, résolu, prudent, et qu'on ne peut manquer de réussir en tout. Ces idées s'implanteront peu à peu dans le cerveau, s'y maintiendront, s'y développeront et, plus tard, se manifesteront par les actes qui leur correspondent.

La confiance en soi, basée sur l'expérience et sur l'emploi judicieux et réfléchi des moyens nécessaires à la réussite, n'implique pas forcément que cette réussite aura lieu et qu'elle sera certaine.

En d'autres termes, la confiance en soi peut contribuer au succès mais elle ne l'impose pas.

L'histoire nous fournit des exemples nombreux qui témoignent que la confiance en soi a existé chez la plupart des hommes remarquables par leur génie, par la situation prépondérante ou'ils ont su acquérir, par l'influence qu'ils ont exercée sur les arts, les sciences, les événements de leur époque.

Bernard Palissy a lutté pendant seize ans avant

de réussir ses fameuses poteries et ses émaux. Il a donné une preuve irréfutable de la confiance qu'il possédait, le jour, où, pour entretenir le feu de son four, il a brûlé ses tables, ses chaises, tous ses meubles et jusqu'au plancher de sa maison.

Galilée, se rétractant devant le tribunal de l'Inquisition, affirme cependant la confiance qu'il a dans ses calculs et dans ses observations, puisque, en sortant, il ne peut s'empêcher de dire, en parlant de la terre : et pourtant elle tourne.

César, traversant la mer sur une barque et assailli par la tempête, a confiance dans sa haute destinée et raffermit le courage de son matelot en lui disant : que crains-tu, puisque tu portes César et sa fortune.

Napoléon, par son expédition de Russie, nous fournit une preuve de confiance en soi non suivie de succès. L'armée qu'il a mise en mouvement est formidable comme nombre et comme valeur. Tout a été préparé et combiné avec le plus grand soin : approvisionnements, fournitures de toutes sortes, mouvements, déplacements ; la victoire ne semble pas douteuse et le conquérant pénètre au cœur de la Russie.

Mais qui pouvait prévoir que l'armée russe, en se retirant, ruinerait et dévasterait son propre pays et que Moscou, la ville sainte, serait incendiée et détruite par ses habitants ?

La retraite s'impose ; elle est désastreuse. Mais, malgré ses revers, Napoléon ne désespère pas ; il a foi dans son destin ; et sa campagne de France, contre l'invasion, passe pour être le chef-d'œuvre de sa carrière militaire.

La confiance en soi, même en cas d'insuccès, est donc une qualité exceptionnelle qui peut enfanter des prodiges.

VI

CONCENTRATION DE LA PENSÉE.

La concentration de la pensée est une opération mentale par laquelle la force nerveuse se porte sur une idée isolée ou sur un groupe limité d'idées, s'y accumule et s'y maintient pendant un certain temps, sans se laisser détourner par aucune autre impression interne ou externe.

Pendant cette opération la pensée accapare la majeure partie de l'activité cérébrale, toute l'énergie disponible dans les centres nerveux. Il en résulte que l'idée, à laquelle la pensée s'applique, se grave profondément dans le cerveau et détermine son action pour la réalisation des actes qui correspondent à cette idée.

C'est grâce à la concentration de la pensée sur une idée exclusive que réussit la suggestion étrangère dans l'état de veille ou pendant l'hypnose ; c'est par son intermédiaire qu'opère l'auto-suggestion personnelle.

Diverses éventualités sont possibles à la suite d'une opération de concentration de pensée.

L'opération peut aboutir à trois terminaisons différentes: à un effet fugace, tout à fait éphémère, à un effet de durée restreinte, à un effet définitif.

Ainsi, par exemple, au moment de vous endormir, le soir, vous vous faites la suggestion que vous vous éveillerez à cinq heures du matin et que vous vous lèverez. Vous concentrez votre pensée sur l'idée de vous éveiller à l'heure fixée et de vous lever. Vous faites effort pour ne pas être distrait par une idée contraire ou indifférente et vous vous endormez dans cette disposition; la suggestion se maintient pendant votre sommeil qu'elle trouble, et votre cerveau se met en travail pour la réalisation de votre acte de volonté.

Au matin, après votre réveil, que l'acte se soit accompli ou non, tout rentre dans l'ordre habituel. L'opération de concentration de pensée, à laquelle vous vous êtes livré en vous couchant et qui s'est prolongée pendant la nuit, a pris fin et l'impression mentale qu'elle a produite ne tarde pas à s'effacer; c'est à peine s'il vous en reste un léger souvenir qui, lui-même, disparaît rapidement.

Mais d'autres fois, l'impression mentale occasionnée par la concentration de la pensée laisse dans le cerveau une trace persistante qui dure pendant un certain temps et qui peut, même, devenir ineffaçable.

Exemples: 1°. — Vous avez une habitude vicieuse, une maladie chronique. Vous concentrez votre pensée sur la suppression de cette habitude, sur la disparition ou l'amélioration de votre maladie.

Pour bien obtenir cette concentration vous vous soumettez à la suggestion étrangère, hypnotique ou vigile, ou bien vous pratiquez, une ou plusieurs fois, l'auto-suggestion personnelle.

Votre habitude disparaît pendant un certain temps pour reparaître plus tard, votre maladie s'atténue ou guérit pour se renouveler au bout d'une certaine période. Dans ce cas, l'impression mentale a persisté après l'opération de concentration, puis s'est effacée : votre cerveau a été fortement impressionné, mais temporairement.

2. — Voici un enfant qui a de l'incontinence nocturne d'urine. On le traite par la suggestion hypnotique ; pendant la séance on concentre sa pensée sur l'idée qu'il ne doit plus pisser au lit, qu'il ne doit plus avoir d'accident. L'incontinence ne reparaît plus.

C'est que l'idée maladive qui hantait cet enfant a disparu et a été remplacée par une idée curative qui s'est imprégnée définitivement dans le cerveau.

La concentration de la pensée peut être volontaire ou involontaire.

Le travail actuel a pour objet principal l'étude de la concentration de pensée volontaire. Cependant, quelques considérations sur la concentration involontaire peuvent présenter une certaine importance.

La concentration involontaire, tantôt consciente, tantôt inconsciente, est, généralement, provoquée par un incident fortuit, par un événement inattendu, par quelque excitation venue de l'extérieur, qui sollicite brusquement l'attention et amène le déplacement insolite et total de la force nerveuse libre.

La peur, la colère, la joie, une déception imprévue, une passion violente, une émotion trop vive peuvent occasionner subitement un trouble général dans l'équilibre de la force nerveuse, modifier sa distribution normale et habituelle, l'attirer en masse sur une région limitée où elle se fixe et s'accumule, et, cela, au détriment d'autres régions où elle serait, pourtant, nécessaire.

Le résultat de cette perturbation est la production d'une pensée exceptionnellement intense ; et cette pensée, s'appliquant à une idée spéciale et exclusive, peut déterminer la réalisation de cette idée et sa transformation en acte par une impulsion subite et irrésistible.

Il peut arriver que la sensation ressentie soit assez forte pour accaparer toute la force qui se trouve disponible dans le cerveau et celui-ci, momentanément ne pourra plus envoyer de force aux divers appareils de l'organisme.

Cette même sensation peut être assez violente

pour attirer vers le cerveau la force nerveuse répartie dans les organes éloignés où elle est indispensable pour l'exécution du travail régulier de ces organes.

Dans les deux cas, le déplacement brusque de la force nerveuse peut retentir sur l'économie toute entière et troubler le bon fonctionnement de toutes les régions.

Il peut en résulter la cessation de l'innervation motrice, sensitive et sensorielle, des altérations de la vision, des bourdonnements d'oreilles, l'insensibilité générale ou partielle, des palpitations, des sueurs profuses, un arrêt du cœur ou de la respiration, une émission immodérée d'urine, un flux intestinal, une perte de connaissance, un affaiblissement ou une absence de mémoire, et, parfois, la mort subite.

Ces effets se produisent avec une intensité variable dans toutes les occasions où une émotion imprévue vient troubler l'harmonie fonctionnelle de l'organisme, s'empare de l'attention et l'immobilise sur une idée dominante ou exclusive.

Presque toujours, en pareille circonstance, la concentration de la pensée est rapide, presque immédiate, mais de courte durée ; elle disparaît quand la cause provocatrice cesse d'agir, et les accidents qui en ont été la conséquence s'atténuent ou se suppriment.

Mais il peut en être autrement. Quelquefois,

en effet, l'excitation produite sur des régions limitées du cerveau par la concentration intempestive de la pensée peut se transformer en une lésion morale ou intellectuelle, parfois physique, persistante ou définitive, continue ou intermittente. Cette lésion devient, à son tour, une cause nouvelle de désordres mentaux, et l'individu qui en est atteint est exposé à des obsessions, à des phobies, à des attaques de nerfs, à des manies, à la folie, à toutes sortes de phénomènes anormaux ayant pour origine la persistance de la pensée et de l'accumulation de la force nerveuse sur une idée fixe.

Il peut aussi en résulter des auto-suggestions inconscientes, des actes irréfléchis et inexplicables.

Dans toutes ces éventualités ou dans la plupart d'entr'elles, la concentration de la pensée peut conduire à un effet maladif qui doit être combattu par des moyens appropriés.

Au moment où j'écris ces lignes, je viens d'être consulté par un jeune homme qui, il y a un an environ, était monté, pendant une fête locale dans un jeu récréatif appelé les vagues de l'Océan. C'est une grande roue horizontale qui supporte aux extrémités de deux diamètres perpendiculaires quatre petits canots auxquels la rotation de la roue imprime un balancement latéral analogue au roulis d'un bateau et, en même temps, des mouvements alternatifs d'élévation ou d'abaissement ressemblant au tangage.

Ce jeune homme fut brusquement pris de peur. et, pendant toute la durée du mouvement, sa pensée se concentra sur l'idée d'une chute possible. Le soir, rentré chez lui, il eut une attaque de nerfs qui, depuis, se renouvelle à peu près tous les mois et à jour fixe.

Ce malade n'avait jamais eu, auparavant, aucun accident nerveux.

L'accumulation de la force nerveuse sur une idée se produit encore, involontairement, dans les états de distraction.

Dans la distraction il y a rupture de l'équilibre normal de la force nerveuse qui abandonne les régions cérébrales inactives pour se diriger, d'une façon lente et continue, vers le centre nerveux qui travaille ; elle s'y concentre et s'y dépense pour en entretenir le travail.

Cette concentration est rarement complète et une partie de la force nerveuse répartie dans le cerveau demeure inoccupée. En sorte que, si une impression mentale nouvelle, de cause interne ou externe, vient à se produire, suffisamment énergique, cette impression peut mettre en activité une localisation cérébrale en repos qui, dès lors, détournera l'influx nerveux à son profit et mettra fin à la distraction première en donnant naissance à d'autres pensées.

La distraction peut présenter des variétés d'intensités différentes. La distraction faible est fréquente chez presque tout le monde et elle ne présente guère d'inconvénients. La distraction trop forte peut constituer une anomalie nuisible ou dangereuse.

La distraction, faible ou forte, peut, cependant, quelquefois, avoir une utilité réelle en écartant la pensée de certaines idées, tristes ou désagréables, qui influenceraient défavorablement l'esprit. En pareille circonstance, la distraction involontaire constitue un état cérébral qu'il faut savoir respecter.

La concentration de la pensée peut être *volontaire* et, alors, elle ne diffère guère de l'attention. Mais on doit attribuer au mot *concentration* une signification plus précise et plus restreinte. C'est un cas particulier de l'attention qui implique plus de puissance et plus de volonté que l'attention ordinaire, même soutenue.

Dans la concentration volontaire de la pensée la volonté s'emploie avec toute l'activité dont elle est capable, avec son maximum d'énergie ; toute la force nerveuse est utilisée à la fois, poussée dans la même direction, maintenue sur le même objet.

Cette force, réunie en totalité pour une pensée exclusive, est, pour ce motif, soustraite à l'influence de toute autre impression venue du dedans ou du dehors ; aucune autre manifestation mentale n'est possible tant que persiste la concentration volontaire.

La concentration peut durer aussi longtemps que les cellules nerveuses en action n'ont pas besoin de repos et que la force nerveuse qui vient alimenter cette action n'est pas épuisée ; elle se maintient et se prolonge par l'afflux continu de la force nerveuse élaborée sans cesse par le cerveau. Son intensité est donc proportionnelle à la puissance cérébrale et à l'énergie de la volonté.

Aussi, est-il possible d'affirmer que l'homme qui est capable de concentrer énergiquement sa pensée et de maintenir pendant longtemps tout l'effort de son activité mentale sur une idée seule, fixe et exclusive, possède une puissance cérébrale et une force de volonté exceptionnelles qu'il peut utiliser pour la maîtrise de soi-même et pour influencer ses semblables.

L'homme qui est capable de ne pas penser à deux choses à la fois et de maintenir la fixité de son attention sur un seul objet, sans se laisser distraire par quelque autre idée étrangère, dispose d'une supériorité énorme, parfois irrésistible.

En s'appliquant cette puissance à lui-même cet homme pourra, presque à son gré, modifier outes les fonctions de son organisme. La peine, es soucis, les chagrins peuvent être annihilés par une pensée concentrée sur une idée gaie ; l'effet peut être borné à la période de temps pendant laquelle s'exerce et persévère la concentration ; mais l'observation démontre que cet effet peut, aussi, être durable et même définitif.

S'agit-il d'une douleur physique ou morale, cette douleur cesse d'être ressentie parce que la force nerveuse disponible n'est plus en quantité suffisante pour permettre à la sensibilité de s'exercer ; l'accumulation de la force nerveuse sur une pensée étrangère à la douleur empêche celle-ci d'être perçue pendant l'opération : et souvent, après cette opération, la douleur a disparu et ne revient pas

La concentration volontaire de la pensée facilite les travaux de l'esprit, rend moins fatigants les exercices corporels. Dans les deux cas, la force nerveuse, dirigée exclusivement vers la tâche à accomplir, ne se disperse pas sur des occupations accessoires et ne s'applique pas sur des idées inutiles. Elle peut agir fortement, en bloc, et la dépense de force se limite au seul résultat à obtenir.

Si, pendant que vous vous livrez à une occupation importante, vous laissez votre pensée s'écarter sur des rêveries ou sur des idées différentes, ne se rapportant pas à votre occupation, vous subissez, de ce fait, une déperdition inutile de force et vous disposez d'une puissance moindre pour l'accomplissement du travail utile ; ce travail s'exécute moins vite et moins bien.

La concentration de la pensée sous le contrôle de la volonté est donc une opération avantageuse qui économise l'énergie et qui favorise la production plus facile et plus grande du travail profitable.

Certaines personnes possèdent naturellement cette précieuse qualité de pouvoir concentrer leur pensée, à volonté, sur un objet à l'exclusion de tout autre ; mais beaucoup peuvent l'acquérir par la répétition continuelle ou fréquente d'un même travail ou d'une même occupation.

Ainsi, un mathématicien, plongé dans ses calculs, pourra, pendant des heures entières, demeurer étranger à ce qui l'entoure. Il possède, innée ou acquise, la faculté de pouvoir, volontairement, fixer sa pensée et l'immobiliser sur les questions qu'il étudie ou sur les problèmes qu'il s'est proposé de résoudre.

Un exemple remarquable mais exceptionnel nous est fourni par Archimède, qui, lors de la prise de Syracuse par les Romains, fut tué par un soldat à qui il ne répondait pas. La concentration de sa pensée sur la question qui le préoccupait était tellement intense qu'il n'avait aucune notion ni aucune conscience de ce qui se passait autour de lui.

D'une manière générale, la facilité à concentrer sa pensée existe chez les travailleurs intellectuels, les savants, les hommes de cabinet et chez tous ceux qui, par leur situation sociale, sont obligés de s'adonner à des occupations fréquentes et prolongées de l'esprit.

Volontaire tout d'abord et nécessitant des efforts de volonté plus ou moins énergiques, selon les tempéraments ou les aptitudes, cette concentration finit par devenir une habitude, se produit sans aucune peine et s'établit de façon à peu près automatique.

Quand ce dernier résultat est acquis, il est possible de maintenir, aussi longtemps qu'on le veut, l'activité mentale sur des idées définies, bien déterminées et invariables, pour les rendre plus vives, plus claires, pour en faciliter l'étude, en mettre tous les aspects en pleine lumière, en dégager tous les détails, en déduire toutes les conséquences, en assurer l'exécution.

L'opération mentale arrivée à ce degré prend le nom particulier de méditation.

« La méditation est un état dans lequel entre notre esprit pour réfléchir sur un sujet quelconque, l'examiner sérieusement, l'approfondir et chercher à le connaître aussi complètement que possible. C'est dans la méditation que l'on cherche l'inspiration, c'est-à-dire, d'après la définition que l'on donne de ce mot, non pas en théologie mais en littérature, de mettre en activité toutes les facultés intellectuelles pour dé-

couvrir quelque chose de beau, de bon, de bien.
(*H. Durville, magnétisme personnel.*)

La concentration volontaire de la pensée devient encore habituelle et finit par s'établir sans aucune difficulté dans la plupart des professions où le système musculaire joue un rôle prépondérant. L'habitude se conquiert lentement par l'apprentissage et par la répétition d'une occupation toujours identique.

Tous les bons ouvriers, quelle que soit leur profession, prennent, à la longue, l'habitude de la concentration facile de la pensée sur leur travail. Ils réussissent d'autant mieux et fournissent d'autant plus de besogne qu'ils peuvent parvenir à une concentration plus ferme et plus complète qui leur permet d'apporter toute leur attention sur la tâche qu'ils ont à effectuer.

Un simple travailleur de terre pourra, également, se trouver ou se mettre dans la même situation s'il porte toute sa volonté et toute son énergie mentale sur le bon maniement de sa pioche et la parfaite exécution de son travail physique.

Grâce à l'habitude de la concentration de la pensée sur l'ouvrage à faire, l'exécution est plus forte, plus régulière et plus rapide, tout en étant moins fatigante ; l'ouvrier attentif à ce qu'il fait ne gaspille par sa force sur des idées ou sur des objets étrangers ; il ne dépense que le strict nécessaire et conserve, ainsi, son endurance et sa vigueur.

Au contraire, l'homme qui, en vue d'un travail physique ou intellectuel, est incapable de concentrer sa pensée, risque de faire une dépense de force trop grande et, par conséquent, inutile. S'il ne peut fixer son attention toute entière sur l'idée qui doit, seule, le préoccuper, s'il a plusieurs pensées à la fois, s'appliquant à des idées accessoires ou différentes, étrangères au but poursuivi, il disperse une partie de sa force nerveuse sur chacune d'elles ; et la force qui vagabonde sur les idées qui n'ont pas de rapport avec le travail voulu est dilapidée en pure perte, s'évanouit sans profit. Le résultat obtenu est plus lent et plus pénible ; la fatigue est plus grande et plus précoce.

Si donc vous avez une tâche à remplir, un acte à réaliser, employez-y toute votre intelligence, toute votre volonté, toute votre attention. Réprimez avec soin les velléités que pourrait avoir votre pensée de se distraire sur un autre sujet ; maintenez-la fermement sur ce que vous avez à faire ; le résultat sera meilleur, plus satisfaisant et plus prompt ; vous économiserez votre force et vous conserverez votre énergie et votre aptitude pour accomplir, quelquefois sans repos préalable, une action nouvelle et de longue durée.

Lorsque, pendant l'accomplissement d'un travail, vous reconnaissez que votre attention faiblit ou s'arrête, que la rêverie vous gagne, que vous agissez de façon automatique ou que vous ne travaillez plus, que la distraction vous envahit, se renouvelle et vous importune, c'est que vous êtes fatigué ou que vous n'avez plus la direction et la maîtrise de votre volonté : ou bien encore votre force nerveuse est insuffisante ; ou bien vous ne savez pas concentrer votre pensée, la diriger et la maintenir sur le but proposé.

Vous devez donc apprendre à augmenter l'intensité de votre force nerveuse, à la ménager, à l'économiser pour résister à la fatigue et la surmonter. Vous devez apprendre à dominer votre pensée, à la forcer à l'obéissance.

Vous pouvez acquérir cette multiple qualité par un entraînement spécial et persévérant qui augmentera votre puissance cérébrale, fortifiera votre volonté, provoquera en même temps la discipline de la pensée et facilitera son éducation.

Les règles qui régissent cet entraînement peuvent, d'après ce qui précède, se résoudre en une formule bien simple : il faut prendre l'habitude de fixer son attention sur un seul et même sujet, ne penser qu'à une seule idée, à un seul objet.

Au premier abord, cela paraît bien simple et bien facile : mais la difficulté est bien grande, sinon insurmontable ; car, lorsque l'esprit est arrêté sur une idée, il est bien rare que d'autres idées, accessoires ou étrangères, ne viennent pas se présenter en même temps dans le champ de la conscience ; il faut, pour s'en débarrasser, des efforts de volonté spéciaux qui ramènent et fixent l'attention sur l'idée primitive ; et ces efforts occasionnent une déperdition de force à peu près inévitable.

Cette intrusion de pensées involontaires venant à l'encontre de la pensée principale voulue peut s'expliquer de la manière suivante.

Lorsqu'un centre cérébral est en travail il dépense de la force et se dégarnit. Cette dépense est, en partie comblée et alimentée par un afflux de force nouvelle qui provient des centres voisins, d'abord, et des centres éloignés ensuite. Quoique ces centres aient des fonctions spéciales et particulières, ils sont solidaires les uns des autres puisqu'ils font partie d'un même organe qui est le cerveau ; le travail de l'un d'entr'eux a une répercussion sur l'ensemble et détruit la répartition régulière de la force nerveuse ; l'équilibre ne peut se rétablir que si une partie de la force qui siège dans les centres en repos vient compenser la déperdition occasionnée par le centre qui travaille.

De là, la formation de courants d'influx nerveux partant des centres inactifs pour se diriger vers celui qui est en activité. Ces courants peuvent entraîner à l'action des régions ou des cellules que la volonté ne sollicite pas ; d'où, la production de rêveries et d'idées secondaires qui viennent s'ajouter à l'œuvre principale.

Pour bien comprendre ces effets théoriques prenons une comparaison.

Considérons une série de vases, égaux ou inégaux, contenant de l'eau, placés à la suite les uns des autres, communiquant, chacun avec ses voisins, par des tubes étroits adaptés à la région inférieure. Si l'ensemble est en équilibre toutes les surfaces libres du liquide seront au même niveau dans un même plan horizontal.

Supposons que le premier vase soit muni d'un robinet et que nous ouvrions ce robinet ; une partie du liquide va s'écouler et le niveau baissera dans ce premier vase. Le mouvement réagira sur le vase le plus rapproché dont le liquide aura tendance à passer dans le premier ; il réagira ensuite sur le suivant et, de proche en proche, sur tous jusqu'au dernier. De sorte que chaque vase fournira un apport pour combler la dépense occasionnée par l'écoulement qui se produit dans le premier.

Si l'on vient à fermer le robinet, l'équilibre se rétablira partout, plus ou moins rapidement, et tous les niveaux se replaceront à une même hauteur.

Il résulte de ces considérations qu'il ne faut pas s'étonner si, pendant un exercice de concentration de la pensée sur une idée principale, la pensée se détourne sur des idées étrangères, surtout au début de l'entraînement, quand l'habitude de cette concentration n'est pas encore acquise et suffisamment affermie. Ce n'est que plus tard que le travail intime et involontaire qui se fait dans l'ensemble du cerveau deviendra inconscient.

On ne doit donc pas se rebuter si l'on ne réussit pas vite et si la distraction ou la rêverie l'emportent de temps à autre et viennent déranger la fixité de l'attention.

Il est nécessaire d'être patient et persévérant ; en opérant avec persistance, avec précaution et avec lenteur, on finira par dominer l'action cérébrale et on arrivera à des résultats de plus en plus satisfaisants.

De même que pour l'éducation de la volonté, il est bon de commencer l'entraînement par des exercices faciles et de courte durée ; on continuera, plus tard, par des exercices difficiles et plus longs et, enfin, on pourra entreprendre des procédés pénibles, fatigants et même ennuyeux.

Il ne faut pas craindre, au début, de choisir des exercices très simples ; le plus insignifiant d'entr'eux peut avoir son utilité ; le moindre effort est profitable ; et, quand la pensée a pu se fixer et se maintenir sur une idée futile, même absurde, elle acquiert l'aptitude à se laisser diriger et elle peut, en une autre circonstance, être envoyée sur une autre idée plus sérieuse et plus raisonnable.

Voici un exemple simple, facile à essayer.

Placez votre main sur votre genou ou sur une table ; puis, soulevez l'index et abaissez-le pour le soulever de nouveau et ainsi de suite. Concentrez votre regard et toute votre attention sur ce mouvement alternatif. Vous pouvez, je suppose, exécuter ce mouvement vingt fois sans que votre pensée se détourne ou se fatigue. Mais alors, la régularité du mouvement s'altère, le doigt tremble ou s'arrête, la pensée se porte sur quelque autre idée. Vous avez atteint une première limite.

Recommencez un peu plus tard ; vous arriverez peut-être à vingt-cinq. Par la suite, après un certain nombre de séances, vous irez jusqu'à cent et même plus.

Ou bien encore, dans le même exercice, vous pouvez, à l'avance, vous fixer une période de temps pendant lequel vous désirez l'exécuter ; vous constatez que la concentration de votre pensée sur les mouvements de l'index se maintient complète pendant une demi-minute ; recommencez plus tard, à plusieurs reprises ; peu à peu vous dépasserez la demi-minute, la minute entière et enfin un grand nombre ; votre éducation se perfectionnera par l'entraînement répété.

La plupart des exercices musculaires qui ont été indiqués pour l'éducation de la volonté peuvent être utilisés pour la concentration de la pensée du reste la concentration de la pensée est sous la dépendance de la volonté et, en fortifiant l'une, quelconque, on favorise l'autre également.

Mais il est possible d'imaginer des modes d'agir se rapportant plus spécialement à la concentration de la pensée, tout en étant applicables à l'éducation de la volonté.

En effet, quand on pratique les exercices musculaires qui ont pour but et pour résultat l'accroissement de l'énergie de la volonté, la force nerveuse disponible dans le cerveau se partage, comme nous l'avons déjà exposé, en deux courants principaux dont l'un se rapporte à la force de commandement, spéciale à la volonté, et l'autre à la force d'exécution qui se distribue à l'organe et aux muscles que la volonté sollicite à l'action.

S'il était possible de diminuer la quantité d'influx nerveux nécessaire à l'exécution, on ferait une économie de force qui pourrait venir s'ajouter à la force de commandement. Or cette économie de la force nerveuse d'exécution qui, par suite, pourra accéder à la volonté et renforcer la concentration de la pensée, peut s'obtenir par la mise au repos de tout le système musculaire volontaire et par la suppression des perceptions sensorielles.

Le système musculaire volontaire, moteur et

locomoteur, n'occasionnera aucune perte de force si, dans l'exercice d'éducation choisi, le corps tout entier demeure inerte et dans le relâchement complet.

De même, en nous plaçant dans les meilleures conditions possibles de silence et d'isolement, à l'abri des bruits extérieurs, nous pouvons mettre l'organe de l'ouïe en inactivité et le préserver de toute excitation, même involontaire; nous pouvons supprimer le travail de la vision en fermant les yeux: le tact, le goût, l'odorat n'ont pas à fonctionner dans un milieu calme et retiré où nous gardons l'immobilité.

Il résulte de là que nous pouvons, en quelque sorte, mettre en sommeil nos muscles et nos sens et disposer pour un autre usage de toute la force qui demeure libre et disponible par suite de leur inactivité. De ce fait, la majeure partie de la puissance cérébrale pourra être employée pour la concentration de la pensée.

L'état de méditation satisfait à toutes les conditions que je viens d'énumérer. Mais tout le monde n'est pas susceptible de pouvoir se placer, plus ou moins facilement, dans un tel état d'esprit; les personnes qui en sont capables n'y arrivent même qu'après un long entraînement.

Il faut donc avoir recours à des exercices dans lesquels interviendront les muscles volontaires ou les organes des sens.

Deux sens spéciaux semblent plus particulièrement favorables pour être utilisés, isolément, dans ce but : l'ouïe et la vue.

A l'état ordinaire de veille, les organes qui président à la vision et à l'audition sont en activité presque continuelle, consciente ou inconsciente, et font une dépense continue, mais limitée et sensiblement invariable, de force nerveuse.

Par la volonté, nous pouvons diriger le fonctionnement de ces organes et les appliquer à la perception d'une sensation unique, uniforme et persistante, sur laquelle la pensée pourra se concentrer et se maintenir pendant longtemps.

Par exemple, l'ouïe sera employée à écouter un bruit isolé, exclusif, unimode et incessant ; la vue sera dirigée vers un objet fixe, immobile, ne subissant pendant la durée de la contemplation aucun changement de couleur ni de forme.

Dans ces conditions, la dépense de force nerveuse faite par l'oreille ou par l'œil ne différera guère de la dépense que font ces organes dans les circonstances normales et ordinaires. Mais les autres sens et les muscles volontaires étant au repos et ne dépensant rien, ou à peu près rien, toute la force en réserve, la presque totalité de la puissance cérébrale, pourra servir à fortifier la pensée et à la concentrer sur une idée voulue de manière à produire sur le cerveau une impression intense.

La volonté ne s'exerce pas seulement sur les organes ; elle agit aussi sur les fonctions. Mais elle ne peut faire sentir son influence sur la plupart d'entre elles qu'à certains moments et à des degrés divers d'intensité ; telles sont, par exemple, les fonctions de nutrition et d'excrétion. On ne peut pas, par conséquent, songer à les utiliser pour un travail volontaire de longue durée à faire à un moment quelconque. Toutes les fonctions intermittentes ou discontinues sont dans le même cas et doivent être éliminées.

Parmi les fonctions continues il en est une et, on peut presque dire une seule, sur laquelle la volonté peut manifester son empire en toute occasion et pendant une période de temps presque indéfinie, c'est la respiration.

Nous pouvons, en effet, à notre gré, agir sur les mouvements respiratoires, les rendre plus lents ou plus rapides, les faire plus superficiels ou plus profonds. Il n'y a d'exception que dans quelques circonstances rares de maladie ou de vive émotion.

Par conséquent si nous suspendons tout travail dans les muscles volontaires et dans les organes des sens, nous pouvons nous livrer à des exercices variés de respiration volontaire et concentrer totalement notre pensée sur leur exécution.

La dépense de force nerveuse occasionnée par les mouvements respiratoires faits avec participation de l'attention ne différera pas, ou fort peu, de celle qui a lieu en temps ordinaire quand les mêmes mouvements s'opèrent de façon inconsciente. Or, c'est là la condition nécessaire à laquelle nous cherchons à satisfaire pour pouvoir reporter la plus grande quantité possible de force nerveuse sur l'opération de la concentration.

En résumé, les procédés spéciaux, applicables à l'éducation et à la maîtrise de la pensée pour obtenir sa concentration volontaire sur une idée fixe, peuvent être classés en trois catégories principales dans lesquelles on aura recours au sens de l'ouïe, au sens de la vue, aux mouvements respiratoires.

Nous allons les passer en revue et les étudier séparément.

SENS DE L'OUIE

Placez-vous commodément, allongé sur un lit ou sur un divan, ou bien assis dans un fauteuil ou sur une chaise. Vous pouvez encore vous accouder sur une table ou un bureau, la tête bien appuyée sur vos deux mains.

Veillez à ce que votre position soit confortable et bien stable de façon à pouvoir garder une immobilité absolue pendant toute la durée de l'opération et à mettre en relâchement complet et à l'abri de la fatigue tout l'ensemble de votre corps et du système musculaire.

Auparavant, vous avez, à une petite distance, disposé une montre sur une table ou une cheminée ; ou bien, vous l'avez suspendue au mur, mais de telle sorte que vous puissiez, sans aucune difficulté, en bien entendre le tic-tac.

Après avoir pris toutes les précautions nécessaires et indispensables pour ne pas être dérangé, isolez-vous autant que possible par la pensée, pour vous rendre inaccessible à tout autre bruit que celui de la montre ; fermez les yeux afin de ne pas avoir de distraction. Puis, écoutez.

Ecoutez avec attention ; faites effort pour que le mouvement de la montre sollicite seul votre oreille ; en un mot, concentrez toute l'énergie de votre volonté et de votre pensée sur le son que vous avez à percevoir.

Arrêtez-vous quand vous éprouverez un peu de gêne ou un léger malaise ; vous pourrez vous remettre en action un peu après et plusieurs fois de suite ou renvoyer à plus tard.

Recommencez cette opération tous les jours et même plusieurs fois par jour si vous avez le temps, et, si faire se peut, toujours aux mêmes heures afin de profiter de l'accoutumance que le système nerveux acquiert par la répétition des mêmes travaux à époques fixes et dans des conditions identiques. Prolongez la durée de la séance aussi longtemps que vous le pourrez sans être incommodé.

Dans les débuts votre attention ne sera capable de se maintenir sans trouble et avec fixité que pendant une très courte période ; des idées étrangères se répandront dans le champ de votre conscience et viendront impressionner le cerveau ; vous serez obligé de lutter pour vous en débarrasser ; vous n'y parviendrez qu'à la longue, après un certain nombre d'essais infructueux. Mais la période de calme et de fixité s'allongera de jour en jour ; et, plus tard, vous pourrez atteindre plusieurs minutes, un quart d'heure, une demi-heure et même davantage ; votre pensée se soutiendra de plus en plus immobile, stable et inébranlable sous l'influence de votre volonté.

Vous reconnaîtrez bien vite que vous avez obtenu des résultats favorables et que vous faites des progrès.

En outre, vous ne tarderez pas à constater que votre ouïe devient plus fine et plus délicate ; vous pourrez augmenter, progressivement, la distance à laquelle vous placez la montre ; pendant l'intervalle qui sépare deux opérations, c'est-à-dire dans les circonstances ordinaires, vous entendrez tout beaucoup mieux que précédemment.

C'est là un profit accessoire et inattendu que vous ne recherchiez probablement pas, mais qui n'est pas à dédaigner. Vous aurez, inconsciemment, amélioré et éduqué votre ouïe ; vous en aurez, corrigé la dureté s'il y en avait ; vous aurez peut-être éloigné ou évité une surdité possible. Et cela se conçoit puisque vous aurez soumis vos organes de l'audition à des exercices répétés, à un entraînement régulier, et que leur fonctionnement naturel se sera perfectionné par l'habitude d'un travail imposé.

Ce procédé d'éducation des organes qui participent à l'audition peut rendre de réels services en diverses circonstances et, en particulier, dans la plupart des maladies de l'oreille ; il peut, sinon les remplacer, du moins favoriser les diverses méthodes classiques de traitement médicales ou chirurgicales.

En même temps aussi, après un certain nombre de séances, vous sentirez que l'énergie de votre volonté s'est accrue et que votre pensée est devenue plus docile, plus maniable, plus précise, quand vous l'appliquez à une occupation, quelconque ; elle obéit mieux à votre impulsion et se maintient plus facilement dans la direction que vous lui avez donnée.

Au lieu d'une montre, vous pouvez utiliser le va-et-vient du balancier d'une pendule. Quand vous l'entendez bien à une certaine distance et que, sans fatigue, vous pouvez prolonger la durée de l'opération, vous devez augmenter insensiblement la distance afin qu'il y ait nécessité d'un léger effort pour bien écouter et bien percevoir.

Un métronome pourra servir au même usage.

Dans tous ces cas, le bruit à entendre est régulier, lent et intermittent. Vous pouvez le remplacer par un bruit régulier, rapide et presque continu en ayant recours aux vibrations fournies par une petite machine électrique à courants alternatifs ou interrompus, telle que le petit modèle de Gaiffe (appareil d'induction volta-faradique).

Dans mon cabinet, il m'arrive quelquefois d'employer ce bruit vibratoire comme moyen de suggestion chez certains malades que je crois devoir soumettre au traitement suggestif et qui sont peu ou légèrement hypnotisables. Je crois pouvoir affirmer que ces vibrations, en dehors de leur effet hypnotique ont une action impressionnante et régulatrice sur les fonctions cérébrales, surtout quand on oblige le sujet à les écouter et à les entendre pendant quinze ou vingt minutes consécutives.

Tous ces exercices sont faciles. Ils doivent être continués longtemps jusqu'à succès complet, jusqu'à réalisation presque automatique. A ce moment, il faudra suspendre ; dès que l'automatisme apparaît, on en a retiré tous les avantages qu'ils peuvent fournir et il n'y a plus, pour éduquer la concentraction de la pensée, de perfectionnement nouveau à en attendre.

La conclusion est la même quand on reconnaît qu'on les exécute avec une facilité croissante et que l'attention peut s'y maintenir encore pendant longtemps sans aucune fatigue.

En conséquence, quand on aura pris l'habitude de leur réussite, on devra les abandonner pour un certain temps, sauf à y revenir plus tard, et on les remplacera par d'autres, plus difficiles.

Ces exercices plus difficiles consisteront à concentrer la pensée sur une idée autre que celle du bruit à percevoir et à faire effort pour ne pas entendre ce bruit.

Ainsi, par exemple, on se fera l'auto-suggestion que l'on est fort, que l'on est joyeux, et on concentrera la pensée sur cette idée suggestive assez énergiquement pour ne pas être importuné par le tic-tac ou par la vibration de l'appareil sonore.

Il ne faut pas croire qu'un tel résultat est impossible à obtenir. Des exemples existent qui en démontrent la possibilité.

Je citerai, en premier lieu, le cas du meunier qui se meut librement dans l'intérieur de son moulin, parle, entend et agit comme si le bruit n'existait pas ; il s'endort comme si tout était silencieux autour de lui ; il se réveille, au contraire, quand le bruit s'arrête. Tout cela est affaire d'entraînement et d'accoutumance.

Si vous passez plusieurs heures ou une journée entière en chemin de fer, le halètement de la machine et ses sifflements, le fracas du roulement des wagons, les secousses et les chocs divers vous importunent au début : le bruit général nuit à la netteté de la conversation et peuvent même l'empêcher ; mais, bientôt, vous vous habituez à cette situation anormale et vous ne faites plus attention au tapage qui se produit autour de vous : vous agissez comme si vous étiez dans votre chambre et vous pouvez causer avec vos voisins, sans aucune gêne et même à voix basse. Votre organe de l'ouïe s'est accommodé à la situation et obéit à votre volonté, inconsciente ou non.

Sur un bateau à vapeur, si vous avez à faire une traversée de plusieurs jours, votre sommeil est pénible, fréquemment interrompu pendant la première nuit et, quelquefois, pendant les nuits suivantes ; le bruit de l'hélice et celui de la machine, le tremblement du vaisseau et ses gémissements, les chocs produits par les paquets de mer qui frappent les parois, vous tiennent en éveil ; et si vous parvenez à dormir c'est que vous succombez à la fatigue. Mais, peu à peu, votre pensée se détourne et devient indifférente ; l'équilibre normal et ordinaire se rétablit dans votre esprit, et le cerveau ne perçoit plus qu'imparfaitement et de façon inconsciente tout ce qui troublait son fonctionnement habituel.

Il est donc possible de concentrer la pensée sur une idée exclusive n'ayant aucun rapport avec celle d'un bruit quelconque qui sollicite l'oreille et que l'on ne veut pas percevoir.

Toutefois, pour réussir, il faut, quelquefois, des efforts soutenus de volonté, souvent renouvelés. Mais ces efforts ne sont pas perdus ; la résistance vaincue fortifie la volonté et perfectionne l'aptitude à la concentration de la pensée.

SENS DE LA VUE

Le sens de la vue peut, lui aussi, être soumis à des exercices d'éducation qui conduisent à la concentration et à la maîtrise de la pensée.

Prenez une rondelle de papier blanc, de trois à quatre centimètres de diamètre, et fixez-la contre un mur de couleur sombre à une hauteur de un mètre à un mètre cinquante, à l'aide d'un clou en fer ou en cuivre qui la pénètre bien à son centre. Ce clou aura une tête un peu large, de un demi à un centimètre de diamètre et se détachera vigoureusement sur la couleur blanche de la rondelle de papier.

Placez-vous en face, à une distance de cinquante centimètres à un mètre ou même deux, selon votre commodité. Installez-vous sur une chaise ou dans un fauteuil, confortablement et bien à l'oise, de telle sorte que vos jambes, vos bras, tout votre corps puissent, sans encombre, sans difficulté et sans fatigue, garder une immobilité complète pendant tout le temps que vous voule consacrer à l'opération.

Si vous craignez d'être dérangé par des bruits imprévus, bouchez vos oreilles avec des tampons de coton ; si vous redoutez quelque visite importune, fermez votre porte à clef. L'isolement et le silence sont absolument indispensables.

Cela fait, dirigez votre regard vers la rondelle de papier et regardez avec toute la fixité de votre attention la partie centrale, la tête du clou. Ne détournez les yeux sous aucun prétexte et que votre pensée soit, toute entière, concentrée sur l'idée de ce clou. Réprimez autant que possible toute idée étrangère qui viendrait à surgir dans votre cerveau ; évitez le clignement des paupières et leur fermeture, même intantanée ou temporaire.

Si, à un moment, vous sentez que vous ne pouvez plus résister, que vos yeux sont fatigués et ont tendance à se voiler et à se clore, essayez de les ouvrir grandement mais sans les détourner de leur direction ; après quelques essais de ce genre vous pourrez parvenir à surmonter la gêne de la vision et vous pourrez continuer à fixer, avec moins de difficulté et pendant plus longtemps, la tache, sombre ou brillante, que fait le clou sur le papier.

Chaque fois, pourtant, que vous comprendrez que la fatigue de la vue s'accentue et que le besoin de fermer les paupières va devenir irrésistible, n'insistez pas ; il ne faut pas arriver au surmenage ; arrêtez-vous et reposez-vous. Si l'opération vous semble avoir eu une durée trop courte ou insuffisante, il vous est loisible de la recommencer après quelques minutes de repos.

Faites la même opération tous les jours, régulièrement, aux mêmes heures et même plusieurs fois par jour, si vos occupations ou vos loisirs vous le permettent.

Insensiblement, votre regard deviendra plus ferme, vos yeux se fortifieront et votre vue s'améliorera ; vous parviendrez peut-être, par un entraînement régulier et persistant, à corriger certains défauts visuels, tels que le strabisme, la myopie, la presbytie, etc.

Votre pensée, aussi, se maintiendra dans la voie que vous lui aurez indiquée, sans se laisser distraire, pendant une période de temps de plus en plus longue. La répétition du procédé lui rendra la tâche plus commode et vous la gouvernerez, plus tard, en d'autres occasions, dans tout autre exercice intellectuel ou physique.

Donc, du même coup, vous perfectionnerez la netteté et la puissance de la vision, vous éduquerez votre pensée et vous prendrez l'habitude de la diriger et de lui commander. En quelques séances de cet entraînement persévérant et volontaire, vous parviendrez à tenir votre regard immobile pendant plusieurs minutes, pendant un quart d'heure et même plus, sans éprouver le besoin de fermer les paupières ; en outre, vous aurez développé votre aptitude à concentrer votre pensée et à maintenir fixe votre attention.

Voici un deuxième exercice que je considère comme tout aussi bon, sinon meilleur, que le précédent. Vous pourrez y avoir recours, ainsi qu'à un troisième dont il sera question un peu plus loin, quand vous aurez déjà obtenu des résultats favorables par celui que nous venons d'étudier ; ils sont un peu plus fatigants que ce premier exercice et, par conséquent, pourront servir à perfectionner l'éducation de concentration déjà acquise.

Procurez-vous un entonnoir en verre clair, de forme conique, de la contenance de un demi-litre à un litre.

Tout à l'heure, quand toutes les conditions nécessaires à une bonne opération auront été bien préparées, vous le remplirez presque jusqu'au bord avec un liquide fortement coloré, du vin rouge par exemple.

Placez cet entonnoir au-dessus d'une bouteille vide après avoir garni la partie étroite du fond d'une bonne épaisseur de coton hydrophile qui, filtrant le liquide, ne le laissera passer que très lentement, en un mince filet ou même goutte par goutte.

Vous pouvez, après quelques tâtonnements préliminaires et en tassant le coton plus ou moins fortement, vous arranger de façon que l'entonnoir ne se vide qu'en dix minutes, en un quart d'heure, ou même une demi-heure.

Disposez le tout sur une table et placez-vous en face, bien assis et bien appuyé, dans une position qui ne vous fatigue pas et que vous pourrez conserver pendant longtemps. Vos mains reposeront sur vos genoux ou sur la table ; ou bien vous vous accouderez sur la table et vos mains soutiendront la tête au niveau des tempes. La bouteille, munie de l'entonnoir, se trouvera placée tout près, à une distance variable de vingt à soixante centimètres environ.

Au moment de prendre votre position définitive, vous remplirez l'entonnoir et l'écoulement commencera.

Regardez le niveau du liquide dans l'entonnoir, vous laissez aller à aucune distraction que toute votre attention soit bien concentrée sur la ligne de ce niveau. Vous ne devez pas remuer ni vous occuper de ce qui peut se passer autour de vous

Le niveau du liquide descend lentement, tout doucement, d'une manière continue, et la courbe qui forme ce niveau se rétrécit insensiblement, au fur et à mesure de l'écoulement, jusqu'à ce que la surface mobile ait atteint le tampon de coton et que le liquide ait filtré tout entier.

Pendant ce mouvement de descente votre regard s'abaisse peu à peu, graduellement, et les paupières sont soumises à une sollicitation incessante qui les invite à se fermer ; vous devez résister à cette invitation. Si l'impulsion est trop forte et que votre vue se trouble ; ouvrez grandement les yeux en soulevant la paupière supérieure.

Si vous ne pouvez pas surmonter votre gêne, détournez-vous et reposez-vous ; une autre fois, vous pourrez attendre plus longtemps et vous parviendrez à garder votre regard en pleine énergie jusqu'à la fin de l'opération, c'est-à-dire jusqu'à épuisement complet du liquide.

Pendant toute la durée de la séance, vous devez aussi, autant que possible, vous efforcer de ne pas percevoir le bruit que fait le liquide en tombant dans la bouteille ; ce bruit rend l'exercice difficile en vous incitant constamment à la distraction. S'il vous importune et vous dérange trop, bouchez vos oreilles avec du coton.

Troisième exercice. Si vous n'avez pas d'entonnoir en verre vous pouvez employer un entonnoir ordinaire, en métal, et prendre pour ligne de visée et de contemplation, le niveau du liquide dans la bouteille. En ce cas, il sera bon que celle-ci soit à fond plat, en verre bien transparent, et d'une contenance supérieure à celle de l'entonnoir.

Si votre tête se trouve trop haut par rapport au

fond de la bouteille, surélevez celle-ci en la mettant sur un support suffisamment épais, un gros livre, une boîte ou tout autre objet, de manière qu'au début le fond soit sensiblement à la même hauteur que la ligne horizontale déterminée par les deux yeux.

Si l'ouverture de l'entonnoir a été convenablement rétrécie, l'écoulement sera très lent et se fera même goutte à goutte. J'estime que cette dernière circonstance est la plus avantageuse pour arriver au but proposé.

Au bout de deux à trois minutes les bords et la surface libre du liquide qui passe dans la bouteille se garnissent de bulles mousseuses qui pétillent et éclatent tandis que d'autres se reforment en même temps ; la masse toute entière prend un mouvement de balancement de bas en haut et de haut en bas.

Tous ces mouvements successifs, intermittents et rapprochés, constituent des vibrations qui impressionnent la vision et la dérangent. En même temps les yeux et les paupières sont astreints à un effort insensible mais continu, pour s'élever sans cesse à mesure que monte le niveau du liquide et il en résulte une nouvelle cause de fatigue; un autre malaise résulte du bruit incessant produit par la chute du liquide et qui, d'une façon continue, sollicite la pensée à se détourner sur lui.

Vous devez résister à tous ces effets défavorables et fixer votre volonté avec persistance, si vous voulez réussir.

Remarques : Les exercices précédents, pour lesquels nous avons eu recours au sens de l'ouïe et au sens de la vue, peuvent conduire et aboutir à une terminaison inattendue qui consiste dans la production involontaire d'un état hypnotique.

En effet, la méthode fondamentale, préconisée par Braid pour provoquer l'hypnotisation, réside essentiellement dans la fixité de l'attention et la concentration de la pensée.

Or, dans les exercices dont je viens de donner les détails et dans tous les exercices analogues que l'on peut imaginer dans le même but, ces conditions se trouvent réalisées ou, tout au moins, on s'efforce de les réaliser.

Il semble, par conséquent, que l'opération doit ou peut se terminer par l'hypnotisation

Il pourra en être ainsi lorsque, l'expérience se prolongeant trop longtemps, les cellules nerveuses en travail, dont l'activité a forcément des limites, sont devenues incapables de continuer ce travail et se mettent en repos, d'elles-mêmes.

Mais, si l'opération est arrêtée avant que le besoin de cette mise en repos se manifeste, avant la fatigue ultime, l'hypnotisation n'aura pas lieu ou bien elle sera très légère.

Du reste, il ne faut pas oublier que le résultat final est, presque toujours, sous la dépendance de l'idée spéciale qui préoccupe la pensée, c'est-à-dire de l'auto-suggestion qu'on se fait et du but qu'on se propose. L'intention première, celle du début, domine toute l'opération.

Pourtant, chez certaines personnes, plus spécialement sensibles, et chez celles qui ont déjà été soumises avec effet à des séances antérieures de suggestion étrangère, l'hypnotisation peut se manifester rapidement, inconsciemment, et même malgré la volonté contraire du sujet.

C'est un inconvénient qui ne présente pas de gravité et dont il ne faut pas s'émouvoir outre mesure. Il serait, peut-être, préférable de s'en réjouir car on peut transformer cet inconvénient en qualité et en retirer des avantages précieux comme nous allons le voir.

Je me suis déjà étendu sur cette question au début de ce travail, mais on ne saurait trop y insister car elle est de la plus grande importance.

Quand l'audition d'un bruit monotone et continu porte à la somnolence, quand la persistance du regard dans une direction invariable aboutit à l'occlusion des paupières et au vague de la pensée, c'est que l'on est hypnotisable à un certain degré et que l'on peut devenir suggestible.

L'état nerveux que l'on est ainsi susceptible d'acquérir est favorable à la suggestion personnelle.

La personne qui, par les exercices précédents, se sera reconnue hypnotisable ou suggestible, pourra, à l'aide de l'auto-suggestion volontaire régulièrement pratiquée, augmenter l'énergie de sa volonté, se rendre insensible à toute suggestion étrangère, rebelle à toute hypnotisation tentée sur elle par autrui, et se soustraire à l'influence de n'importe qui. Elle n'aura qu'à vouloir ; elle n'aura qu'à se suggérer tout ce qu'elle voudra pour que sa volonté se réalise.

Celui qui est susceptible de se mettre, de lui-même, dans un état plus ou moins profond d'auto-hypnotisation, n'a bientôt plus besoin de recourir à aucun procédé physique pour provoquer cet état et devenir auto-suggestible. Après quelques séances d'entraînement volontaire, il peut arriver, dans l'état de veille complète, à maîtriser sa pensée, à la diriger, à la concentrer, à s'isoler totalement du monde extérieur. Sa volonté acquiert une puissance, curative ou éducatrice, d'une énergie extraordinaire. Il est son propre maître et rien ne peut prévaloir contre lui ; il devient inaccessible au découragement et à la faiblesse : il a la ferme conviction de sa force ; il a confiance dans l'avenir et foi dans le bonheur certain.

Il possède, par conséquent, un don inappréciable, d'une valeur immense ; mais à la condition de savoir qu'il le possède et de vouloir s'en servir. Les exercices précédents, déjà étudiés, et quelques autres dont il sera fait mention par la suite, lui permettront de reconnaître et d'accroître son auto-suggestibilité.

MOUVEMENTS RESPIRATOIRES.

Les mouvements respiratoires peuvent donner lieu à une nombreuse variété d'exercices d'une importance capitale qui s'appliquent, non seulement à la concentration de la pensée, mais encore à l'éducation de la volonté, à la pratique de l'auto-suggestion, et qui, en même temps, ont un retentissement favorable et avantageux sur l'organisme tout entier, au moral et au physique.

Quand on les utilise régulièrement avec méthode, ils conduisent à des résultats extrêmement remarquables et parfois surprenants.

Dans les circonstances ordinaires de la vie, les mouvements respiratoires se produisent à peu près inconsciemment et sans régularité d'aucune sorte ; ils sont variables dans leur rythme et dans leur intensité selon la nature de nos occupations.

Quand nous sommes en mouvement ou que nous sommes en repos, quand nous parlons ou que nous sommes silencieux, quand nous dormons, quand nous mangeons, quand nous faisons un effort ou un travail intellectuel ou physique, notre respiration ne se fait pas de la même manière ; elle se ralentit ou se précipite, se modifie à tout moment, et elle s'exécute, naturellement, sans que nous y prenions garde et sans que notre volonté intervienne de façon spéciale.

Dans les exercices dont il s'agit la volonté a une grande part ; elle dirige et gouverne les mouvements, en règle la durée, l'étendue et le rythme ; la pensée se fixe et se concentre sur leur exécution.

Ils consistent essentiellement dans l'usage volontaire et attentif de respirations régulières dans leur succession.

Accessoirement, on peut leur adjoindre des mouvements musculaires des membres ou du corps, que l'on peut choisir et varier à discrétion selon le but qu'on se propose et selon les conditions du milieu où l'on se trouve.

Ces exercices peuvent être rangés en deux catégories principales, en deux groupes principaux.

Au premier groupe appartiennent les exercices dans lesquels les mouvements respiratoires se succèdent régulièrement, à intervalles égaux, moyennement rapprochés, et nécessitent seulement un effort minime. En fait, ils se différencient des mouvements inconscients ordinaires et habituels en ce que la volonté consciente les commande et que la pensée se maintient sur leur exécution. Ils peuvent être continués longtemps sans difficulté et presque sans fatigue.

La deuxième catégorie comprend les exercices dans lesquels la pensée, la volonté et la régularité du rythme président encore à l'exécution des mouvements, mais dans lesquels ces mouvements se font avec lenteur et avec toute l'étendue possible. Ils exigent des efforts plus grands ; ils sont, quelquefois, pénibles et fatigants et ne peuvent être soutenus que pendant un temps limité.

Le nombre des mouvements varie de douze à quinze par minute dans le premier cas ; il peut être réduit à quatre ou cinq dans le second.

Les exercices de la première classe peuvent être appelés des exercices de respirations moyennes ; ceux de la seconde sont des exercices de respirations profondes.

Les applications hygiéniques et thérapeutiques des mouvements respiratoires réguliers et volontaires sont très nombreuses, connues et usitées depuis l'antiquité la plus reculée.

De tout temps, en effet, on a constaté les effets déplorables de l'insuffisance respiratoire, l'importance de la gymnastique respiratoire contre les maladies, les avantages d'une respiration régulière et méthodique pour la santé générale, l'influence favorable d'une bonne respiration sur toutes les fonctions.

Les Hindous et certains peuples d'Orient, parmi lesquels les Japonais, pratiquent l'entraînement respiratoire depuis les siècles les plus anciens. De nos jours, tous les auteurs modernes attribuent à cet entraînement des qualités exceptionnelles.

Mon éloignement de la Capitale et des grands centres intellectuels ne me permet pas d'avoir à ma disposition, pour pouvoir les consulter, tous les ouvrages qui ont rapport à cette question. Cependant, parmi les plus récents, je peux signaler le *Traité de magnétisme personnel* de M. Durville et les publications du Dr Contet sur les *méthodes de rééducation en thérapeutique*, du Dr Laurent sur *l'éducation physique moderne*.

[Ces auteurs ont bien voulu m'honorer d'un exemplaire de leur travail.]

Chacun de ces écrivains consacre un chapitre étendu à l'éducation de la fonction respiratoire et à l'influence heureuse que cette fonction, bien dirigée, possède sur les organes voisins ou éloignés.

En 1880, j'ai, moi-même, essayé une courte étude sur l'influence mécanique que la respiration exerce sur la circulation en général et sur le cœur en particulier.

A ce point de vue spécial, voici ce que dit Papus dans son traité élémentaire de magic pratique (1893) : « Le poumon et le cœur peuvent être considérés comme deux roues à engrenage montées l'une sur l'autre, ce qui fait que toute augmentation dans le rythme respiratoire se trouve reproduite et multipliée dans le système cardiaque et, par suite, dans la circulation toute entière.

La respiration est donc le grand balancier de l'organisme, chargé de rétablir l'équilibre dès que cet équilibre est détruit par une déperdition dynamique quelconque. » (*citation extraite du Magnétisme personnel de M. Durville*).

Oui, la respiration est le grand balancier de l'organisme, le grand régulateur des fonctions internes et, bien souvent, celui des facultés intellectuelles et psychiques.

« Dans son célèbre *Traité de la vie et de la mort*, Bichat a établi que la mort survient par obstacle au fonctionnement du cœur, du poumon ou du cerveau. On a, avec juste raison, reproché à Bichat d'avoir été trop exclusif et d'avoir, par exemple, négligé l'influence qui appartient aux organes digestifs, dont l'arrêt entraîne cependant la mort d'une façon aussi certaine que la destruction du cœur, du cerveau ou des poumons. » [Moynac, *manuel de pathologie générale*].

Eh bien ! on peut affirmer que les actes méthodiques et volontaires de la respiration à mouvements réguliers et, en particulier, ceux de la respiration profonde combattent les causes de la mort et retardent l'échéance fatale en impressionnant favorablement le cœur, les poumons, le cerveau et les organes digestifs. On peut ajouter qu'ils perfectionnent, en les mettant en action pour un travail utile, une grande partie du système musculaire général et, surtout, les muscles du thorax et de l'abdomen.

En effet, quand les mouvements respiratoires sont faits avec l'intervention d'une volonté ferme et énergique, qu'ils sont exécutés méthodiquement, consciemment, avec régularité et avec ampleur, ils ont un effet réactionnel sur la volonté et sur la puissance cérébrale, mises en activité pour leur exécution, et contribuent à leur accroissement.

Ils ont une action directe sur les poumons, sur le thorax, sur tous les muscles qui s'insèrent ou se rattachent à la cavité thoracique, parce qu'ils sollicitent les contractions forcées de ces muscles pour l'agrandissement croissant du thorax et pour la distension plus grande des poumons.

Il ont une action, directe ou indirecte mais tout aussi favorable, sur les mouvements du cœur.

Il ne m'est pas permis d'entrer ici dans les développements que comporte cette question. Je me contenterai de quelques remarques générales.

En premier lieu, les contractions et les dilatations du cœur sont sous la dépendance du système nerveux ; or la qualité de l'influx nerveux est variable selon la composition du sang : les actions physiques et chimiques qui se produisent pendant l'acte respiratoire ont donc, indirectement, en purifiant le sang et modifiant son état, une action utile sur l'innervation du cœur. Cette action sera régulière et facilitera le jeu de l'organe si les mouvements respiratoires sont eux-mêmes, réguliers.

En second lieu, l'augmentation de volume et l'affaissement alternatif des poumons, occasionnant des changements dans la capacité thoracique, agissent mécaniquement sur le cœur puisque celui-ci est contenu dans le thorax et qu'il est, pour ainsi dire, en contact immédiat avec les poumons. Cette influence mécanique sera, elle aussi, régularisée et d'autant meilleure, si les mouvements respiratoires sont réguliers.

Par conséquent, les respirations régulières et méthodiques, effectuées sous le contrôle de la volonté, ont pour effet indéniable de favoriser le fonctionnement naturel et normal du cœur.

Les respirations rythmiques, surtout quand elles sont profondes, influencent aussi, avec profit, les fonctions de l'estomac et de l'intestin. Ces organes, par l'intermédiaire du diaphragme et par les variations d'étendue de la base du thorax, sont soumis à un véritable massage et à des déplacements forcés qui facilitent leur circulation sanguine, leurs mouvements, le mélange et la progression des matériaux alimentaires qu'ils renferment.

Si l'on complique les exercices respiratoires ou, plus exactement, si on vient à leur aide par des mouvements concordants des bras, des jambes, de la tête ou du tronc, l'influence de ces exercices pourra s'étendre à tout le système musculaire.

Bien pratiqués, les exercices respiratoires peuvent donc exercer une prépondérance utile et indiscutable sur l'organisme tout entier. Ils peuvent rendre leur intégrité aux fonctions qui présentent quelque anomalie, ranimer l'activité des organes affaiblis, contribuer dans une large mesure à l'équilibre normal et rétablir l'harmonie fonctionnelle nécessaire au maintien de la santé générale.

Les considérations précédentes s'appliquent à tous les mouvements respiratoires réguliers quelles que soient leur durée et leur ampleur. Mais quelques explications plus détaillées sont indispensables pour justifier l'utilité des respirations lentes et profondes, démontrer leur efficacité et mettre en évidence les avantages particuliers qu'elles peuvent, seules, procurer.

Au point de vue purement physiologique, la respiration a pour but de transformer en sang artériel, en suc nourricier, le sang veineux qui a déjà servi et s'est chargé de déchets ramassés un peu partout.

Une partie de ces déchets est triée et expulsée au dehors par les appareils excréteurs tels que les reins, l'intestin, la peau ; l'autre est brûlée et modifiée dans les poumons par l'oxygène de l'air introduit par l'inspiration et, finalement, rejetée pendant l'expiration.

Les poumons sont constitués, schématiquement, par de nombreux canaux (bronches), qui, partant de la trachée qui fait suite au larynx, se divisent, se subdivisent et se terminent par des vésicules closes ou alvéoles. Ces vésicules sont entourées par d'innombrables vaisseaux capillaires Ces vaisseaux reçoivent le sang veineux provenant du ventricule droit du cœur par l'intermédiaire des artères pulmonaires et déversent le sang artériel dans les veines pulmonaires qui le ramènent au ventricule gauche du cœur pour, de là, être répandu dans la circulation générale.

Les artères sont les vaisseaux dans lesquels le sang circule en s'éloignant du cœur ; les veines sont les vaisseaux dans lesquels le sang circule en se rapprochant du cœur. Les artères et les veines sont, à la fois, réunies et séparées par les vaisseaux capillaires. [Dans la circulation générale, les artères renferment du sang rouge ou artériel, les veines renferment du sang noir ou veineux. Dans la circulation pulmonaire c'est l'inverse qui a lieu : les artères pulmonaires charrient du sang noir et les veines du sang rouge].

Au niveau des vésicules pulmonaires le sang n'est séparé de l'air que par une simple couche d'épithélium pavimenteux ayant à peine un centième de millimètre d'épaisseur.

Il est difficile de se faire une idée d'une épaisseur aussi faible et qui, tout d'abord, peut sembler impossible pour un tissu vivant. Cependant cette épaisseur est encore bien grande si on la compare à celle que l'on peut obtenir, mécaniquement, en réduisant, à l'aide de laminoirs spéciaux, certains métaux en lames minces. Ainsi, « l'or peut être mis en feuilles dont il faut dix mille pour faire un millimètre. » (*Troost, Traité élémentaire de chimie*) L'épaisseur d'une semblable feuille d'or est donc cent fois plus petite que celle de l'épithélium pavimenteux broncho-pulmonaire.

L'épithélium pavimenteux est composé de cellules polygonales aplaties, juxtaposées comme les différentes pièces d'une mosaïque ou d'un ouvrage de marqueterie.

Par, conséquent, les échanges entre l'air et le sang sont extrêmement faciles.

Il est de la plus grande importance que la purification et la régénération du sang se fassent bien. Or le sang veineux qui arrive dans les poumons se répand dans toute leur masse et pénètre dans les moindres replis. Il est donc nécessaire que l'accès de l'air, apportant l'oxygène indispensable, ait lieu jusque dans les dernières ramifications bronchiques, que l'air pénètre jusque dans les alvéoles les plus éloignés.

Ce résultat sera atteint d'autant mieux que

l'inspiration, qui constitue le premier temps de la respiration, sera plus ample, plus puissante, plus profonde : elle devra avoir une durée assez longue pour que l'air inspiré ait la possibilité et le temps de pénétrer partout, aussi loin que possible et en quantité suffisante.

Le second temps de la respiration est formé par l'expiration. Quelles que soient son intensité et sa durée, les cavités bronchiques ne se vident jamais complètement et elles retiennent toujours un résidu gazeux, absolument impropre à l'hématose ou transformation du sang veineux en artériel.

Ce résidu gazeux sera d'autant moindre que l'expiration sera plus longue ; il va former un mélange avec l'air atmosphérique introduit par l'inspiration suivante et c'est ce mélange qui va se trouver en contact avec le sang veineux pour les échanges destinés à transformer ce sang veineux en sang artériel.

Il est évident que ce mélange sera d'autant plus actif qu'il renfermera plus de gaz nouveau et, en particulier, plus d'oxygène, ce qui dépendra de la quantité plus grande d'air inspiré.

Or, une inspiration ordinaire, naturelle et sans effort, introduit, en moyenne, un demi-litre d'air. Une inspiration profonde et énergique faite sous l'influence de la volonté, peut parvenir à trois litres et demi.

Si un homme fait, par minute, dix-huit inspirations (et beaucoup d'auteurs admettent le chiffre de seize) il fait pénétrer dans ses poumons un volume total de neuf litres.

En faisant des inspirations lentes et profondes, on peut arriver à n'en opérer que quatre par minute ; même avec ce nombre réduit, mais à raison de trois litres à la fois, on obtient douze litres. Par conséquent, l'inspiration profonde et prolongée, soutenue pendant un certain temps, favorise l'épuration du sang et contribue à augmenter la vitalité de l'organisme.

Il sera bon, aussi, que l'air et le sang veineux mis en présence aient tout le temps nécessaire pour opérer leurs échanges ; par suite, le mouvement d'expiration devra être retardé le plus longtemps possible ; on ne devra expirer l'air vicié que lorsque le besoin de rejet deviendra impérieux et à peu près irrésistible.

Cet air vicié devant être expulsé presque en entier, il faut qu'il ait le temps de sortir ce qui exige que l'expiration se fasse complètement, jusqu'à ce qu'il y ait affaissement général des organes pulmonaires et relâchement total du thorax.

Toutes ces considérations physiologiques nous conduisent à la conséquence suivante : pour que l'ensemble de l'acte respiratoire soit exécuté en entier et dans les meilleures conditions, pour qu'il soit bien profitable, il est indispensable que les deux temps de la respiration et les intervalles d'inaction apparente qui les séparent aient, chacun, la plus grande durée possible.

Il résulte de là que la respiration lente et profonde, poussée à son extrême limite, dans ses deux mouvements alternatifs, est la respiration idéale, celle que l'on devrait, théoriquement, effectuer constamment et par habitude.

Mais ceci ne se peut pas ; car chacun des efforts que nécessite une semblable opération est un effort maximum Il y a effort maximum pour le poumon, effort maximum pour le diaphragme, effort maximum pour les muscles inspiratoires et expiratoires, etc

Ces efforts nécessitent, en outre, l'intervention puissante de la volonté consciente ; ils occasionnent une dépense considérable de force nerveuse : aussi, ne peuvent-ils être soutenus que pendant une période de temps limitée, qui, du reste, s'accroît par un entraînement fréquent et régulier. Mais il n'en est pas moins vrai qu'ils ne peuvent pas constituer le fonctionnement ordinaire et normal de la respiration.

Ils ont une grande utilité pour donner à la respiration des habitudes d'ampleur et de régularité, pour agrandir le thorax, augmenter la capacité pulmonaire, débarrasser les bronches de mucosités stationnaires et de gaz impropres. Mais n'oublions pas que l'organisme se complaît dans les actions moyennes et qu'il ne peut être soumis au maximum d'effort que par intermittences : sinon, on risque d'arriver rapidement au surmenage et, par suite, à l'impuissance.

La vessie trop souvent et trop longtemps distendue cesse de se contracter : la réplétion trop fréquente et trop longtemps maintenue peut donner lieu à l'incontinence d'urine ou à la rétention.

L'estomac trop copieusement rempli digère difficilement : et, si le cas se répète, on aboutit à l'indigestion, à des vomissements, à la dilatation et à la dyspepsie.

Les travaux intellectuels trop prolongés conduisent à l'épuisement cérébral et à l'inaction de la pensée.

La nature ménage ses forces et donne rarement, d'un seul coup, tout ce qu'elle peut, tout ce dont elle est capable : elle proportionne ses efforts et les multiplie ou les ralentit selon le plus ou moins de puissance des organes.

C'est ce qui explique pourquoi chez l'enfant, dont les muscles sont faibles et dont la cage thoracique n'a pas encore pris toute sa rigidité, les mouvements de la respiration sont fréquents et atteignent de 25 à 30 par minute, (44 chez le nouveau-né) alors que chez l'adulte ils sont de 18 ou 16 et que, dans les respirations lentes, méthodiques et profondes (celles dont il s'agit ici) on peut arriver assez facilement à cinq ou six mouvements complets seulement, et quelquefois moins, à la suite d'une éducation prolongée.

De tout ce qui précède il résulte que la respiration profonde et méthodique comprend quatre périodes qui doivent, pour un bon exercice, s'effectuer et se succéder avec toute la lenteur qu'on sera susceptible d'y mettre.

Le mouvement d'inspiration devra se continuer jusqu'à ce que le thorax ait acquis tout son développement et toute son ampleur. L'arrêt qui le suit sera maintenu aussi longtemps qu'on le pourra. Le mouvement d'expiration se fera également avec une faible vitesse et se prolongera jusqu'à ce que les poumons et le thorax soient revenus totalement sur eux-mêmes dans un affaissement complet. Le temps de repos suivant devra persister jusqu'à ce que le besoin d'une nouvelle inspiration devienne irrésistible.

Si donc vous voulez essayer de ces exercices respiratoires voici comment vous devez procéder.

Installez-vous commodément, assis ou couché, dans une pièce où vous serez certain de ne pas être dérangé et où les bruits du dehors, arrivant difficilement, ne peuvent vous distraire.

Placez tout votre corps dans le relâchement et fermez les yeux comme si vous vouliez dormir. Concentrez votre pensée sur l'acte que vous allez entreprendre et employez toute l'énergie de votre volonté pour le diriger, le gouverner, l'exécuter avec régularité et dans son entier.

Pour maintenir l'attention et éviter d'agir de façon automatique et inconsciente, vous pouvez vous astreindre à compter le nombre de respirations complètes au fur et à mesure que vous les terminez : après la première, vous compterez *un* ; après la deuxième *deux*, et ainsi de suite.

Respirez par le nez : ne respirez pas par la bouche. C'est le nez qui est le premier organe de l'appareil respiratoire : c'est par lui que devrait toujours passer l'air avant d'arriver aux poumons.

Inspirez lentement, très lentement, et tirez à fond jusqu'à ce que votre poitrine ne puisse plus se distendre ni se gonfler ; faites effort pour soutenir cette distention et ce gonflement : puis, rejetez l'air peu à peu, insensiblement, en y mettant le plus de temps possible. Efforcez-vous de nouveau pour résister au besoin d'inspirer et ne recommencez une nouvelle inspiration que lorsque vous y êtes absolument obligé.

Cet exercice complet doit être répété plusieurs fois consécutives.

Tout d'abord, vous ne serez capable que d'un nombre très limité ; mais, avec l'habitude, vous pourrez le réussir dix fois, cinquante fois, soixante, et même plus.

Il pourra vous arriver aussi de ne pas pouvoir, dès le début, le mener complètement à terme : quelques respirations moyennes, d'intensité et de durée progressives, seront nécessaires tout d'abord pour faire pénétrer l'air dans les alvéoles terminaux et rétablir la perméabilité de certaines petites bronches. Mais ces difficultés ne sont que passagères et on les surmonte aisément après quelques essais.

Il est bon de se livrer à cet exercice dans une chambre bien spacieuse, bien aérée et la fenêtre ouverte. Quand il est possible de se mettre dehors, à l'air libre, c'est encore préférable.

Dans la journée, les moments les plus propices sont ceux qui précèdent les repas de midi et du soir, alors que la digestion est terminée, que l'estomac et l'intestin sont peu garnis ou à l'état de vacuité. Si vos occupations ne vous laissent pas assez de loisir et si vous ne pouvez faire mieux, procédez-y dans votre lit, le matin avant de vous lever, le soir avant de vous endormir.

Quand vous aurez fait le même exercice pendant plusieurs jours de suite, vous ne tarderez pas à reconnaître qu'il devient plus facile, qu'il nécessite des efforts toujours moindres, et finalement vous l'exécuterez par habitude, sans aucune intervention apparente de la volonté consciente.

A ce moment vous pourrez vous arrêter et le suspendre, quitte à recommencer plus tard, si le résultat que vous poursuivez se rapporte exclusivement à la concentration de la pensée et à l'éducation de la volonté. Pour ce but spécial, votre exercice devient inutile du moment que la pensée et la volonté n'y ont plus aucune part. Pour qu'un exercice quelconque soit bien profitable dans ce sens, il faut qu'il soit réalisé consciemment et qu'il exige un effort réel de la pensée et de la volonté, quelque faible, d'ailleurs, que soit cet effort. Mais vous pouvez le continuer indéfiniment si votre intention est de faire travailler vos poumons et de les fortifier.

Aux respirations lentes et profondes vous pouvez associer des mouvements musculaires tels, par exemple, que des mouvements latéraux et d'élévation des membres supérieurs.

Placez-vous debout, en face d'une fenêtre ouverte, ou bien à l'air libre, les bras pendants, le corps droit, la tête haute.

Dès que vous commencerez votre inspiration soulevez lentement les bras, en les tenant allongés et tendus ; écartez-les du tronc et arrangez-vous de manière qu'ils soient horizontaux ou qu'ils dépassent légèrement l'horizontale au moment où l'inspiration se termine ; maintenez-les dans cette situation pendant l'arrêt de la respiration ; puis, abaissez-les tout doucement, jusqu'à la position verticale du début, pendant le mouvement d'expiration et le repos final.

Cet exercice donne plus de vigueur à certains muscles, tout en fortifiant le développement de la cage thoracique. On peut et on doit le répéter un certain nombre de fois consécutives. Il a le léger inconvénient de diviser la pensée sur deux objets différents, mouvements respiratoires et mouvements des membres, mais il contribue puissamment à établir l'habitude d'une respiration ample et régulière.

On peut varier les exercices en modifiant l'attitude et les déplacements des membres, du tronc et de la tête. Il est facile d'imaginer un grand nombre de combinaisons différentes ; les plus simples suffisent dans la plupart des cas.

En dehors de la question actuelle, concentration de la pensée, on peut appliquer la méthode dans un grand nombre de circonstances : « convalescence de fractures de côtes, de pleurésie, de maladies adynamiques, suites d'opérations de végétations adénoïdes, et, d'une manière générale, tous les troubles subaigus et chroniques de l'appareil respiratoire, bronchites chroniques de toute nature, emphysème, etc.

« Dans la tuberculose il est utile de faire faire au malade des exercices de respiration profonde et méthodique pour le mettre à même de profiter au maximum des bienfaits de la cure d'air.

« A ces indications directes il faut en ajouter d'autres plus spéciales et moins évidentes à première vue ; ce sont divers troubles cardiaques et, au premier rang de ceux-ci, la fausse hypertrophie de croissance qui n'est autre chose qu'une insuffisance de développement thoracique ; des accidents d'ordre anémique, les états cachectiques où il faut favoriser la suralimentation oxygénée. Enfin l'asthme ne saurait qu'en être favorablement influencé comme l'indiqueraient certains travaux récents ». *(Dr Contet, déjà cité)*.

On peut, par quelques considérations physiologiques s'expliquer comment l'emphysème pulmonaire peut se trouver amélioré par ce genre d'exercices.

L'emphysème est caractérisé par la distension des vésicules bronchiques terminales au delà des limites de leur élasticité ; les alvéoles restent immobiles et fixes dans une dilatation ultra-physiologique et ne peuvent plus se contracter.

Avec l'inspiration lente et profonde l'air introduit pourra pénétrer jusque dans les dernières ampoules bronchiques qui, à l'état ordinaire, renferment des gaz impropres et, en particulier, de l'air confiné, se renouvelant difficilement pendant la respiration ordinaire.

L'air atmosphérique viendra se mélanger à ces gaz et, après quelques inspirations, le mélange prendra une composition qui se rapprochera de plus en plus de celle de l'air pur. Dès lors, les échanges entre cet air et le sang veineux à purifier auront tendance à s'effectuer au travers de la mince membrane des extrémités alvéolaires ; et, celles-ci qui, dans l'emphysème, ont perdu leur fonction, seront sollicitées à la reprendre. Cette conclusion est une conséquence de l'axiome déjà plusieurs fois cité, que la fonction fait l'organe.

Les effets précédents seront en outre favorisés

par l'expiration prolongée qui permettra une plus grande expulsion des gaz pulmonaires ; l'air nouveau pénétrera en plus grande quantité à l'inspiration suivante et le nettoyage des poumons s'effectuera, ainsi, d'une manière plus complète.

Les exercices de respiration profonde sont indispensables aux gens affaiblis, anémiques, chlorotiques, à tous les hommes de cabinet, aux ouvriers qui travaillent en grand nombre dans un même atelier, à tous ceux qui ont des occupations sédentaires, à tous ceux qui vivent dans un espace réduit ou dans l'air confiné.

On devra, tous les jours, et plusieurs fois par jour si c'est possible, y consacrer quelques minutes à l'air libre, à l'air pur.

Tout organe qui travaille se fortifie. On fortifiera les poumons en les faisant travailler volontairement, en leur demandant souvent un effort moyen et régulier, et, de temps en temps, un effort maximum.

Par ces moyens, on pourra faire acquérir aux poumons toute l'énergie de leur fonctionnement, débarrasser le sang d'une plus grande somme d'impuretés, améliorer la santé physique, accroître l'activité mentale.

A la fin du chapitre sur l'auto-suggestion j'ai expliqué la manière d'opérer pour introduire dans le cerveau une idée dont on désire la réalisation, transformation en acte.

Les exercices physiques et musculaires destinés à éduquer la volonté et à développer la confiance en soi peuvent aussi être utilisés pour se faire des auto-suggestions. Il en est de même de ceux qui servent pour la concentration de la pensée.

Tous ces procédés sont bons et applicables aux diverses éventualités pour lesquelles ils ont été indiqués ; mais je considère les mouvements respiratoires réguliers, moyens ou profonds, comme étant les meilleurs de tous ; ils sont toujours à notre disposition ; ils se prêtent à toutes les circonstances et on peut les mettre en œuvre, en tout temps et en tout lieu, quel que soit le but qu'on se propose.

Ils donnent des résultats multiples et généraux parce qu'ils favorisent à la fois la confiance en soi, la concentration de la pensée, l'énergie de la volonté. On peut donc les employer avantageusement pour la pratique de l'auto-suggestion volontaire et personnelle.

Selon la nature de l'auto-suggestion, selon que l'idée à faire pénétrer dans le cerveau est simple ou compliquée, qu'elle s'exprime par un seul mot ou par plusieurs, selon que l'on opérera sur une seule idée ou sur un groupe d'idées, on pourra choisir les mouvements respiratoires à durée et intensité moyennes ou bien les mouvements ralentis et profonds. C'est affaire d'intuition, de convenance ou d'appréciation individuelles.

Le mode opératoire comprend deux variétés principales.

En premier lieu, l'auto-suggestion sera suggérée pendant que s'exécutent les mouvements d'inspiration et d'expiration ; elle commencera au début de l'inspiration, se continuera avec elle, se prolongera pendant l'expiration et se terminera en même temps.

En second lieu, on fera effort pour ne penser à rien pendant les mouvements respiratoires et on fera l'auto-suggestion à la fin de l'expiration et pendant le repos qui lui succède.

Quelques exemples particuliers suffiront pour bien faire comprendre ces indications générales.

1° — Supposons que l'on veuille chasser un sentiment de tristesse. Le contraire de la tristesse c'est la gaieté. La suggestion devra porter sur l'idée suivante : je suis gai.

Cette expression est simple. Supposons qu'on veuille utiliser des mouvements respiratoires moyens. Les mouvements d'inspiration et d'expiration ont sensiblement la même durée et les intervalles de séparation sont très courts. On pensera *je suis* pendant l'inspiration et *gai* pendant l'expiration : *je suis . . . . . . gai*.

Et comme cette opération sera peu fatigante physiquement, on pourra la répéter aussi longtemps qu'on le voudra : vingt fois, cinquante fois, cent fois, jusqu'à ce que la pensée s'arrête ou se détourne d'elle-même ou que l'on aboutisse à un automatisme à peu près inconscient.

On pourra aussi employer les respirations profondes : et comme, ici, les deux temps de la respiration sont très longs, on fera l'auto-suggestion complète pendant chacun d'eux : *je suis gai* pendant l'inspiration et *je suis gai* pendant l'expiration. On pourra varier en ne faisant rien pendant la respiration et en réservant l'auto-suggestion pour la formuler seulement pendant le repos apparent qui termine et suit l'expiration. On aura soin, dans ce cas, de ne penser à rien pendant les deux mouvements principaux.

Dans cette dernière méthode c'est le travail physique, le travail respiratoire, qui tend à devenir pénible après un nombre restreint d'exécutions successives, et l'opération sera, nécessairement, plus abrégée que dans la méthode précédente. Pourtant, la suggestion s'exercera avec énergie parce que la pensée, ne s'y appliquant pas pendant la manœuvre physique de la respiration, pourra agir avec une attention mieux soutenue, se renouvelant avec toute sa force à chaque intermittence.

Ces petits détails peuvent paraître oiseux ou insignifiants ; ils ont pourtant une importance réelle et considérable dont on se rend bien compte après quelques expériences.

2° Prenons la suggestion : *volonté, succès* qui comprend deux idées séparées et différentes.

Si l'on se sert des respirations moyennes on pourra penser à la première idée pendant l'inspiration, à la deuxième pendant l'expiration.

Si l'on emploie les respirations profondes on pourra agir de même ; ou bien on pensera aux deux idées pendant la quatrième période de la respiration, c'est-à-dire pendant le repos post-expiratoire.

3° Compliquons la suggestion précédente en ajoutant à chaque terme un mot nouveau qui le renforce : *volonté, énergie, succès, chance.*

Nous agissons sur un groupe d'idées.

Dans ce cas, les respirations moyennes seront peut-être, difficilement applicables pour quelques personnes. Mais, avec les mouvements respiratoires ralentis on pourra se faire facilement la moitié de la suggestion pendant l'inspiration et l'autre moitié pendant l'expiration ; ou bien encore on pourra faire la suggestion totale pendant le repos final qui sera suffisamment long.

En somme, on ne peut déterminer de règle fixe dans le mode d'opérer. Selon les circonstances, chacun décidera et choisira ce qu'il croira le plus commode.

Remarque : Dans cette dernière auto-suggestion qui porte sur quatre idées séparées et distinctes, l'impression mentale étant quadruple semble devoir être faible pour chacun des termes pris isolément ; aussi faudra-t-il faire effort pour bien la répéter en pleine conscience pendant toute la durée de l'opération.

En outre, si l'efficacité de la suggestion semble probable pour l'augmentation de la volonté et de l'énergie morale, elle paraît bien douteuse pour réaliser la chance et le succès.

Pour avoir de la chance ou obtenir le succès, il ne suffit pas de se le dire, de se l'affirmer et de se convaincre ; la réussite ne dépend pas seulement d'une impression mentale, mais de circonstances extérieures ou étrangères sur lesquelles nous pouvons n'avoir aucune influence apparente, auxquelles nous pouvons ne pas prendre part.

Mais l'impression mentale qui résulte de l'auto-suggestion augmente la croyance dans cette chance et dans ce succès ; elle donne la confiance en soi, fortifie l'esprit d'initiative, favorise l'aptitude au travail : l'activité intellectuelle devient plus vive, plus libre, plus lucide. Quoi qu'il advienne, il y a donc un effet utile.

L'auto-suggestion de chance et de succès donne la foi en l'avenir ; elle crée et entretient l'optimisme, développe et conserve toutes nos forces et nous place dans les meilleures conditions possibles pour réaliser nos projets.

VII

PUISSANCE PERSONNELLE

La situation qu'un être humain occupe dans la société, la considération dont il jouit auprès de ses semblables, la suprématie qu'il exerce sur son entourage dépendent, presque toujours, (en dehors des privilèges de la naissance ou de la richesse) d'un ensemble de qualités qui lui sont propres et qui constituent sa puissance personnelle.

La puissance personnelle est une aptitude, innée ou acquise, consistant dans la faculté de pouvoir nous impressionner nous-mêmes et de pouvoir impressionner les autres selon nos désirs, conformément à nos volontés et favorablement à nos intérêts.

La puissance personnelle est encore l'ensemble des qualités qu'il faut avoir pour agir de façon utile sur soi-même et des moyens qu'il faut mettre en œuvre pour influencer les autres, acquérir leur estime et leurs sympathies, les décider à nous servir.

Plus simplement, c'est l'art d'agir efficacement sur soi-même et sur autrui.

On peut agir sur soi-même pour perfectionner les dons naturels que l'on possède, pour en faire naître et développer de nouveaux, combattre ou supprimer les défauts, augmenter la force physique, la vigueur de l'intelligence, l'énergie du caractère, se conserver en bonne santé morale et corporelle et se maintenir dans un état ininterrompu de satisfaction intime et de bien-être général.

Nous pouvons agir sur les autres pour leur faire accepter nos idées et les disposer au mieux de nos intentions.

La puissance personnelle existe, d'emblée et naturellement, chez quelques personnes privilégiées qui s'en trouvent douées sans avoir besoin d'aucun travail. Celles qui ne l'ont pas peuvent l'acquérir par des procédés spéciaux qui constituent une science nouvelle.

La science de la puissance personnelle paraît être de date récente et semble avoir pris son origine dans des pratiques diverses, intellectuelles et physiques, dont quelques-unes sont déjà anciennes et dont quelques autres, absolument contemporaines, ont été imaginées tout d'abord en Amérique. Elle tend à se répandre de plus en plus sous des noms divers, tels que : magnétisme personnel, influence personnelle, force et pensée, l'art de réussir en tout, l'art d'être heureux, etc.

Les boniments de quelques industriels qui

cherchent à tirer profit de sa divulgation ne manquent pas ; les quatrièmes pages des journaux grands et petits, les publications à succès ou à la mode, sont encombrées de réclames tapageuses qui, sous des titres pompeux et suggestifs, ont pour but d'émouvoir la grande masse des lecteurs.

Leurs auteurs font appel à la curiosité du public, cherchent à attirer et à accaparer son attention, vantent à outrance leurs méthodes particulières qu'ils proclament supérieures à toutes les autres.

De nombreux opuscules, alléchants et tentateurs, admirablement rédigés, pleins de promesses mystérieuses, sont offerts gratuitement et distribués à profusion. Ils présentent à la vanité et à l'ambition de chacun, sous toutes sortes de formes ingénieuses, des avantages extraordinaires et exceptionnels.

Quelquefois, tout se réduit à la vente d'un ouvrage que l'on paie un peu cher, mais qui, pourtant, peut être plus ou moins instructif et avoir un intérêt réel.

Mais, dans bien des cas, il vient s'y ajouter la nécessité indispensable d'instruments, d'appareils ou de drogues ayant pour but apparent d'augmenter l'efficacité des procédés indiqués ; et, dès lors, ceux qui se laissent persuader sont amenés à faire des dépenses pécuniaires considérables, presque toujours hors de proportion avec les minces résultats qu'ils ont pu obtenir ou qu'ils avaient espéré.

Est-ce à dire qu'il n'y a rien d'exact dans ces annonces, qu'elles sont toutes insidieuses et qu'il faut les dédaigner systématiquement et totalement ?

Je ne le pense pas. Il y a du vrai, certainement, dans ce qui est publié et promis ; mais il est, parfois, difficile de se rendre compte de la vérité, de distinguer ce qui est bon et pratique de ce qui est fallacieux et impraticable.

Cet engouement de réclames retentissantes a une cause : c'est la constatation et la réalité de résultats heureux obtenus par des artifices d'une simplicité extrême, tellement simples et faciles qu'ils peuvent en paraître puérils et qu'on en vient à se demander, tout d'abord, s'il ne s'agit pas d'une plaisanterie ou d'une mystification.

Les représentations publiques des hypnotiseurs de théâtre ont, pendant longtemps, entretenu la suspicion auprès des savants et jeté le discrédit sur l'hypnotisme qui, aujourd'hui, est reconnu officiellement comme une des branches les plus importantes de la thérapeutique médicale.

Mais, d'autre part, elles ont contribué à la propagation de cette science en intéressant la curiosité publique et, par la suite, les écoles officielles ont été obligées de s'en occuper de façon sérieuse au lieu de lui témoigner une opposition de parti-pris.

La publicité bruyante et les manœuvres quelquefois douteuses qui se rapportent à la science de la puissance personnelle, éloigneront, encore pour longtemps, bien des personnes sérieuses de l'étude des idées nouvelles qu'elle comporte ; mais elles attirent l'attention sur des faits inconnus ou négligés jusqu'à ce jour et qui peuvent offrir à l'investigation des indépendants et des chercheurs des satisfactions indéniables.

Nous avons pour devoir de ne pas nous montrer routiniers et de ne pas être rebelles à toute innovation.

Dans leur voyage au travers de la vie les gens médiocres se contentent de suivre la route et quelquefois, simplement, l'ornière tracée par leurs devanciers.

Les hommes de progrès sont ceux qui, attentifs aux idées nouvelles, dépourvus de scepticisme et d'opposition systématique, osent s'écarter des sentiers battus, imaginent et suivent des chemins nouveaux par lesquels ils s'élèvent au-dessus de leur niveau social, au-dessus de la plaine, pour atteindre des hauteurs plus ou moins élevées d'où ils aperçoivent un horizon plus vaste et dominent la foule.

Rien n'est à négliger, rien n'est à dédaigner dans la marche progressive des découvertes et des moyens qui ont pour but et pour effet l'amélioration incessante de l'humanité et la culture ascendante de l'esprit humain.

Par la dénomination que j'ai adoptée, *puissance personnelle*, je comprends le pouvoir de se connaître soi-même, d'agir sur ses qualités et sur ses défauts, de modifier le caractère, de maîtriser la pensée, d'éduquer la volonté, pour se gouverner, se diriger dans la vie, réagir sur le physique par l'intermédiaire du moral, perfectionner l'état moral à l'aide de l'état physique, conserver la santé corporelle, entretenir l'activité intellectuelle, améliorer constamment le bien-être général.

Cette même dénomination s'applique également à l'action que nous pouvons exercer sur nos semblables et à l'ascendant que nous pouvons obtenir sur eux. Elle me paraît plus générale que celles de *magnétisme* personnel, d'influence personnelle, et toutes les autres que j'ai déjà citées précédemment.

Cette idée de puissance personnelle implique l'idée de domination, l'idée de commandement.

Pour commander, pour dominer, il faut être fort et sentir qu'on est fort. Il ne suffit pas d'avoir la force, il faut savoir qu'on l'a. La confiance en soi résulte de cette connaissance, ainsi que la capacité de pouvoir. C'est l'idée et la conviction qu'il est fort qui font la supériorité de l'homme sur l'univers ignorant. C'est l'idée qui fait tout ; et ceci est tellement vrai que, souvent, pour produire une influence, il suffit de croire qu'on est fort et même de simuler la force quand on ne la possède pas.

Le désir et, peut-être, pourrait-on dire le besoin de manifester sa supériorité, de dominer et de commander, existe chez l'homme à toutes les périodes de la vie, depuis les premiers jours qui suivent la naissance jusqu'aux derniers moments qui précèdent l'agonie et la mort.

Ce désir dépasse quelquefois cette extrême limite, en ce sens que bien des personnes, avant de disparaître pour toujours, expriment formellement leurs dernières volontés dont l'effet ultérieur peut se prolonger fort loin dans l'avenir. Telle est l'origine des testaments ; et la loi elle-même intervient pour assurer le respect et l'exécution de ces volontés ultimes.

L'homme vient au monde nu et chétif, incapable de pourvoir à ses moindres besoins ; cette incapacité dure pendant des mois et, quelquefois, pendant des années.

Malgré cette infériorité apparente, le sentiment de la domination est inné chez lui et se montre dès les premiers vagissements ; l'enfant à la mamelle commande à sa nourrice et à son entourage ; son instinct lui a bientôt fait comprendre qu'il peut tout par ses pleurs et par ses cris.

L'enfant en bas-âge est exigeant ; sa faiblesse même est une cause de force ; il sait se faire obéir et il abuse de l'affection que ses ascendants lui témoignent pour faire de ceux-ci ses esclaves complaisants ; selon les circonstances il se fait câlin ou boudeur, mais il obtient ce qu'il désire.

Un peu plus tard l'enfant essaie de dominer ses camarades ; il s'ingénie à leur démontrer sa supériorité ; il imagine des tours d'adresse, des exercices ou des jeux nouveaux, mettant les autres au défi de le surpasser ou, seulement, de l'égaler. S'il ne parvient pas à être le plus fort ou le plus habile, il recherche la société de ceux qui sont plus jeunes que lui afin de s'assurer le commandement et de les diriger à sa guise, selon ses caprices et sa volonté.

A l'école, l'émulation est une conséquence de cette même idée ; l'écolier veut être le premier de sa classe ou, tout au moins, un des premiers. S'il ne peut réussir à occuper la place qu'il convoite, si la médiocrité de son intelligence ou l'insuffisance de son travail l'obligent à demeurer en arrière, il tâche de se distinguer par d'autres moyens et d'une autre façon ; il lui faut une suprématie en quoi que ce soit ; et, à l'occasion, il devient brutal, tapageur, grossier, insolent, mauvais élève.

La même idée persiste et se maintient pendant la jeunesse et pendant l'âge mûr. L'homme fait veut être à la tête de ses concitoyens ; et s'il ne peut s'élever dans la société à un rang prédominant qui le mette en évidence, il s'efforce d'arriver à une prépondérance quelconque, soit par sa profession, soit par quelque bizarrerie ou quelque originalité qui le fasse remarquer et qui le différencie de ses semblables.

Il en est de même du vieillard qui, lorsque son énergie physique et sa lucidité intellectuelle sont affaiblies vante constamment son expérience et veut encore être le maître, diriger quand même et toujours.

Dans la société, l'un tire vanité de sa naissance, l'autre de sa richesse, celui-ci de sa science et de son savoir, celui-là de ses amis et de ses relations personnelles. Cet autre se prévaut de son esprit, de son intelligence, de son habileté en affaires, de sa force physique, de sa beauté corporelle.

Si l'on n'est pas influent on veut le paraître ; on veut, malgré tout, être supérieur à quelqu'un en quelque chose ; et quand on y parvient, on a l'orgueil de cette supériorité.

Ce besoin de suprématie trouve, suivant les personnes et suivant les circonstances, sa satisfaction dans les avantages physiques, dans la richesse, dans la science, dans les qualités diverses ; parfois, aussi, il rencontre un adjuvant dans les défauts et dans le vice.

Chacun recherche l'influence et se la procure

par le moyen qui se trouve à sa portée, selon son âge, son tempérament, sa situation sociale, son éducation, son instruction, sa fortune, selon les conditions normales ou exceptionnelles de la vie ou de la naissance.

Ce sont là des particularités isolées et individuelles qui peuvent contribuer à l'acquisition de la puissance personnelle si on ne l'a pas, qui viennent la renforcer si on la possède déjà, mais qui ne la constituent pas, ne la représentent pas et peuvent, même, en différer complètement.

En effet, tel personnage remarquable par la régularité harmonieuse de ses formes athlétiques, ne sera jamais qu'un bellâtre et n'exercera aucun ascendant sur ceux qui le connaissent et le fréquentent ; tel autre, orgueilleux de ses richesses, n'excitera que la jalousie ou l'indifférence ; tel savant, dont la science est vaste et profonde, passera pour un pédant désagréable et n'aura aucune autorité sur ses concitoyens.

C'est qu'ils n'ont pas la puissance personnelle.

De même, une personne trop jeune ou trop âgée, telle autre qui occupe un rang inférieur dans le monde, ou dont le caractère est indécis, faible, violent, dont la fortune et l'instruction sont au-dessous de la moyenne ne jouiront jamais d'aucune considération si la puissance personnelle leur fait défaut.

La puissance personnelle est un rayonnement général de force, une radio-activité de l'organisme, une sorte d'émanation subtile qui rend agréable et attractif et qui fait que si vous êtes riche vous n'excitez pas l'envie ; si vous êtes beau physiquement et d'aspect élégant on vous admire ; si vous êtes savant on vous honore et on vous respecte ; quand vous parlez on vous écoute volontiers et on vous approuve sans réserve.

C'est une prérogative particulière, inhérente à l'individu, souvent ignorée et inexplicable, qui se traduit par une influence dominatrice attirant à celui qui la possède l'estime et l'affection et qui, par conséquent, peut favoriser la réussite et le succès dans la vie.

Vous êtes jeune ou vieux, sans fortune et d'instruction médiocre, vous occupez parmi vos égaux ou auprès de vos supérieurs un rang modeste, qu'importe ! Si vous avez la puissance personnelle, le moindre de vos gestes fait sensation, vos opinions sont prises en considération sérieuse, vos avis sont appréciés, vous jouissez de la sympathie générale.

Si vous possédez la puissance personnelle, vous répandez autour de vous une sorte d'attraction inconsciente que votre entourage subit sans savoir ni pourquoi ni comment, et, bien souvent, sans s'en apercevoir ni s'en douter.

Tout le monde a bonne opinion de vous ; chacun vous témoigne de la déférence ; votre personnalité dégage un effluve invisible qui charme ceux qui vous approchent, leur procure une sensation d'aise et de bien-être, vous attire leur bienveillance, leur inspire le sentiment de vous être agréable et de s'employer pour vous être utile.

Tous ces effets se produisent sans aucune intervention apparente de votre part ; il semble que vous n'avez fait aucun effort, aucune dépense de force.

La puissance personnelle est donc une qualité remarquable et exceptionnelle qui facilite le succès dans les relations mondaines, la réussite en affaires, l'accès des positions sociales avantageuses, qui permet à celui qui en est le détenteur d'arriver aux honneurs et à la fortune et de jouir, pendant la vie, de la plus grande somme possible de bonheur.

La possession d'une semblable puissance est, par conséquent, d'une importance capitale.

Cette puissance, chacun l'a en soi mais à des degrés divers. Irrésistible chez quelques êtres plus spécialement doués, elle est faible chez d'autres en passant par toutes les grandeurs intermédiaires.

Tel sujet gouverne complètement son propre organisme et domine autour de lui, partout où il se trouve ; tel autre est faible constamment vis-à-vis de lui-même, ne sait résister à aucune impulsion et subit la volonté de n'importe qui.

Il vous est arrivé, certainement en maintes occasions, d'éprouver des sensations involontaires et indéfinissables à l'approche de certaines personnes qui, dès la première entrevue ou par la suite, se sont imposées à votre attention et à votre respect, se sont emparées de votre sympathie et ont conquis votre confiance. Et si vous voulez bien y réfléchir, préciser vos souvenirs, vous constaterez que ces personnes ne vous ont pas influencé également ; quelques unes vous ont impressionné profondément et rapidement, dès le premier abord ; avec d'autres, l'impression a été moins forte et plus lente.

Vous avez pu remarquer aussi que vous exercez, vous-même, quelquefois, une action prépondérante autour de vous, mais que vous n'agissez pas avec le même succès sur tout le monde ; votre pouvoir est variable selon l'entourage, selon les lieux, selon les circonstances.

L'extériorisation de la puissance personnelle se manifeste donc avec une intensité relative. Ce que l'on doit rechercher, ce à quoi l'on peut prétendre, c'est de pouvoir disposer de cette puissance à son degré maximum ou, tout au moins, à un degré supérieur, aussi grand que possible, en tout temps et en tout lieu.

Or, ce résultat peut s'obtenir, à la longue, par un entraînement spécial, régulier et continu. On peut développer la puissance personnelle, l'augmenter sans cesse, lui faire atteindre une valeur croissante, l'éduquer de telle sorte qu'elle finisse par opérer soit automatiquement, sans aucun effort volontaire ou conscient, soit à la plus faible sollicitation et au moindre appel de la volonté consciente.

La puissance personnelle ne doit pas être confondue avec ce que l'on appelle communément la *valeur* personnelle.

La valeur personnelle est une supériorité, une excellence qui existe en un genre spécial et bien déterminé. Elle se manifeste sous des aspect différents, variables suivant les qualités apparentes ou réelles de chacun, suivant le développement des facultés physiques, morales ou intellectuelles, suivant le degré d'instruction, selon les occupations journalières, la carrière embrassée et suivie, selon le milieu dans lequel on a coutume de vivre.

Elle est presque toujours limitée à un petit groupe d'attributs bien définis et n'existe plus en dehors de ce groupe.

Ainsi, un professeur de l'Ecole de Médecine peut être un grand savant en théorie et se montrer, dans l'exercice de son art, piètre opérateur et mauvais médecin.

Un mathématicien qui, dans son cabinet, a l'habitude de résoudre facilement les problèmes les plus ardus de l'algèbre et de la géométrie est souvent incapable d'en faire, sur le terrain, une application pratique.

On est pourtant obligé de reconnaître que ce

professeur, que ce mathématicien sont des hommes de valeur ; mais, généralement, cette valeur n'existe plus en dehors de leur science favorite.

La valeur personnelle n'implique pas toujours et n'impose pas forcément la sympathie, le respect et l'équité. Au contraire, elle provoque quelquefois la jalousie, l'envie et l'injustice. L'homme de valeur est, parfois, en butte à des rivalités haineuses qui, à tort ou à raison, savent mettre en relief la faiblesse de son caractère, tourner en ridicule ses défauts, et le placer, finalement, en état d'infériorité ou d'impuissance.

Voici un avocat, remarquable par son éloquence, par la beauté de ses plaidoiries, par l'exactitude de ses arguments, par l'élégance de ses gestes et de sa parole, connaissant parfaitement toutes les finesses de la chicane et toutes les difficultés du code. Il est évident que, dans sa profession, c'est un homme de grande valeur.

Et cependant, il végète dans une situation modeste, bien inférieure à son mérite ; la clientèle ne lui vient pas ; il a des concurrents et des envieux qui grossissent ses petits travers ou qui en inventent Son habileté elle-même se retourne contre lui ; on l'accuse d'accepter et de soutenir des causes véreuses ; il n'a pas l'oreille des juges.

Cet avocat, homme de valeur, ne réussit pas parce qu'il n'a pas la puissance personnelle. Il ne sait pas dominer et corriger certaines imperfections se rapportant à sa tenue, à sa conduite, à son caractère ; il manque de savoir-faire pour conquérir la sympathie du public et l'amitié de ses confrères. Dans la société, malgré sa grande connaissance des affaires et en dépit de son savoir, il n'a qu'une faible influence et ses avis sont rarement appréciés

Du reste, il est de notoriété générale que, dans toutes les professions et dans tous les métiers, un homme à qui l'on reconnaît une valeur supérieure dans sa spécialité, se trouve insuffisant ou incapable quand il s'agit de questions ou de travaux qui ne lui sont pas habituels.

Tel officier, habile à exécuter un ordre ou une manœuvre commandés, sera absolument inapte à agir de sa propre initiative. Un employé de bureau occupera parfaitement et à la satisfaction de ses chefs un emploi subalterne, et fera mal dans un poste plus élevé.

La valeur personnelle a donc une importance purement relative.

Si cet officier, si cet employé n'ont pas la puissance personnelle, ils ne sortiront que difficilement de leur situation médiocre ; ils se résigneront et ne feront rien pour essayer d'aller plus haut.

Mais, s'ils possèdent cette puissance ils réagiront sur eux-mêmes et influenceront favorablement leurs chefs hiérarchiques. S'ils ne font pas bien dans l'emploi qui leur est confié, les chefs, considérant que leur subordonné n'est pas à une place qui convient à ses aptitudes, lui procureront un nouvel avancement au détriment, parfois, de camarades plus méritants qui protesteront vainement contre un injuste passe-droit.

Il résulte de toutes ces constatations que la valeur personnelle n'est pas toujours suffisante ni même nécessaire pour permettre d'arriver à une situation avantageuse.

Un homme réellement supérieur peut avoir une valeur personnelle en plusieurs genres à la fois. Il peut, par exemple, avoir une valeur par ses qualités physiques, sa force musculaire, l'élégance de son allure et de ses manières ; une valeur personnelle par son intelligence et par son savoir, une valeur personnelle par la régularité de sa conduite et par sa probité. Encore faut-il qu'il sache faire valoir sa supériorité et en tirer parti.

Les avantages physiques, intellectuels et moraux sont d'une utilité insuffisante s'ils ne s'accompagnent pas d'un élément adjuvant, indispensable, qui les mette en valeur pour placer en bonne évidence celui qui les détient.

Cet élément, c'est la puissance personnelle.

Celui qui est en possession de cette puissance sait se gouverner lui-même ; il se connait ; il sait maîtriser les passions et les défauts qui pourraient lui être nuisibles; il est plein de volonté et d'énergie ; il est attractif, sympathique à tout son entourage ; il sait acquérir et conserver l'estime et l'appui de toutes les personnes avec lesquelles il peut se trouver en rapport ; il est à sa place partout et semble toujours mériter davantage.

La force nerveuse qui préside aux fonctions vitales est répandue dans l'ensemble du système nerveux. Élaborée par les cellules de substance grise qui se trouvent dans les ganglions du grand sympathique, de la moëlle et de l'encéphale, elle est surtout emmagasinée dans le cerveau.

Cette force nerveuse est analogue, sinon identique, à la force électrique.

Si, pour quelques savants, elle peut sembler en être différente, cela provient de ce que l'électricité a des modes particuliers d'action et de propagation selon les corps chez lesquels elle se trouve. Elle se comporte diversement dans les corps bons conducteurs, dans les corps mauvais conducteurs, dans les corps vivants.

Tout objet électrisé possède un champ électrique, c'est-à-dire que l'électricité dont il est chargé exerce une action à distance plus ou moins grande. C'est un fait d'observation constante.

Il en est ainsi dans les machines productrices

d'électricité statique ; il en est de même pour les circuits métalliques parcourus par des courants d'électricité dynamique.

Un aimant manifeste aussi son pouvoir dans une certaine étendue tout autour de lui ; il a son champ magnétique.

Par analogie, nous devons admettre que la force nerveuse d'un organisme vivant doit influencer dans un espace plus ou moins grand, tout autour de cet organisme, les objets (et principalement ceux qui sont de même nature que lui) qui peuvent se trouver dans cet espace, autrement dit, dans son champ nerveux.

Donc, la force nerveuse s'extériorise et déborde au delà des limites naturelles du corps humain ; elle rayonne d'autant plus loin, son champ nerveux est d'autant plus vaste que la source dont elle émane est, elle-même, plus abondante. Par conséquent, l'action de la force nerveuse à distance est sous la dépendance de la puissance de production du cerveau ou, plus simplement, de la puissance cérébrale.

La supériorité humaine individuelle, sous quelque forme qu'elle se montre, morale, intellectuelle ou physique, est la conséquence de l'intensité de la force nerveuse ; elle est une manifestation de l'énergie nerveuse ; elle est la constatation de cette énergie.

Or la puissance personnelle telle que nous l'avons définie représente la supériorité par ex cellence. Elle est donc un résultat de l'énergie nerveuse, un effet de son émission et de son rayonnement au dehors ; elle est une émanation de la puissance cérébrale.

Mais cette dernière est indissolublement liée à l'état de la volonté : il en résulte que la grandeur de la puissance personnelle est en relation immédiate avec celle de la volonté.

Par conséquent, toutes les causes qui peuvent contribuer à l'accroissement de la volonté agiront efficacement pour accroître la puissance personnelle.

Tous les exercices susceptibles de développer et d'éduquer la volonté développeront et éduqueront la puissance personnelle, même si ces exercices ne sont pas exécutés dans cette dernière intention.

Il en sera de même de ceux qui ont pour but d'augmenter la confiance en soi puisque, souvent, la confiance dans le succès est suffisante pour produire l'influence même en l'absence de toute autre force spéciale.

Les exercices de concentration de la pensée favorisent aussi le développement de la puissance personnelle par l'habitude que prend la force nerveuse de s'accumuler sur une idée et d'agir en bloc.

On peut agir directement, en vue d'acquérir et d'augmenter la puissance personnelle, par le moyen de l'auto-suggestion.

Il suffira de se faire, par exemple, les suggestions suivantes : « *Je peux tout sur moi, je me maîtrise, j'influence les autres, je suis influent, je suis fort, personne ne peut m'influencer.* »

On pourra se livrer à ces suggestions pendant le repos, à un moment quelconque de la journée. Il sera avantageux de les faire, le soir, avant de s'endormir, ou le matin, au réveil, avant de se lever. On pourra adjoindre aux suggestions quelques exercices musculaires et penser aux idées à suggérer, soit pendant l'exécution de ces exercices, soit pendant les intervalles qui séparent deux exercices successifs. Ce qu'il y aura de préférable ce sera de se servir des exercices respiratoires en opérant comme il a déjà été dit, selon que les mouvements respiratoires sont moyens ou profonds.

Les suggestions devront être répétées le plus souvent et le plus longtemps possible pendant une même séance ; on fera une séance tous les jours ; on en fera plusieurs si on a le loisir nécessaire. Le succès sera d'autant plus probable et plus rapide qu'on sera plus capable de bien concentrer sa pensée sur l'idée qui fait l'objet de la suggestion ; un certain degré d'auto-hypnotisme, si faire se peut, favorisera la réussite.

Que vous soyez sceptique ou croyant, essayez. Essayez pendant quelques jours, pendant plusieurs semaines. Même en l'absence de toute conviction, vous ne tarderez pas à constater qu'un changement favorable se produit dans toutes vos facultés et dans toutes vos fonctions ; vous éprouverez un sentiment bien net, parfaitement conscient, de vigueur croissante et de perfectionnement général.

L'extériorisation de la force nerveuse, fait qui constitue un des éléments de la puissance personnelle, n'est pas une simple hypothèse. Elle est démontrée par la théorie, par des expériences et par des observations.

Si nous acceptons l'identité de la force nerveuse avec l'électricité, ou seulement l'analogie, on doit appliquer à cette force la théorie des ondulations et des vibrations pour expliquer ses effets. C'est la théorie admise actuellement dans l'interprétation de la plupart des phénomènes du magnétisme minéral, de l'électricité, de la lumière et de la chaleur.

Lorsque le cerveau travaille, quand la force nerveuse qu'il fabrique ou qu'il détient entre en action, des vibrations se produisent dans l'encéphale et se communiquent tout le long des filets nerveux par ondulations successives.

Est-il admissible que ces vibrations et ces ondulations s'arrêtent aux os du crâne ou à la surface de la peau et qu'elles ne puissent pas aller plus loin ?

Il doit se passer ici ce qui se passe lorsque deux masses d'eau sont séparées par une langue de terre. Si un mouvement vibratoire et ondulatoire (dû, par exemple, à la chute d'un caillou) se développe dans la première masse, ce mouvement arrive à la terre solide, s'y propage en se modifiant et parvient à la deuxième masse qui, à son tour, entre en vibration ; le mouvement nouveau ressemble au mouvement initial puisqu'il se reproduit dans un milieu semblable. Il n'a pas la même intensité parce que la force de l'ondulation, en s'éloignant du centre, décroît, vers une direction fixe, proportionnellement au carré de la distance. Mais, quoi qu'il en soit, ce mouvement existe et on peut le constater si la distance n'est pas trop grande.

On peut faire cette même expérience avec deux vases accolés, séparés par une mince cloison et pleins d'eau. Si on agite le liquide de l'un des vases l'agitation se transmet au second par l'intermédiaire de la cloison solide.

Par comparaison, nous pouvons admettre que les vibrations nerveuses sont transmissibles à l'extérieur, ce qui justifie cette expression ; la force nerveuse s'extériorise. Elles se propagent au travers de l'espace par l'intermédiaire de l'éther universel et peuvent, à distance, impressionner tout organisme analogue et suffisamment sensible qui se trouvera sur leur trajet. D'où production des phénomènes de télépathie et de transmission de pensée.

On pourrait peut-être objecter que la force

particulière au système nerveux a besoin de conducteurs pour se transmettre au loin. Mais cette force n'est qu'une variété ou une modification de la force électrique. Or, l'exemple de la télégraphie sans fil nous démontre que des conducteurs spéciaux ne sont pas toujours indispensables.

Voilà la théorie. Elle permet de comprendre un grand nombre de faits se rapportant à des actions et à des communications à distance qui, sans elle, sont totalement inexplicables. Ceux qui ne veulent pas l'admettre suppriment toute explication et éludent la difficulté en attribuant les effets observés à de simples coïncidences quand, toutefois, ils ne se cantonnent pas dans une négation systématique.

Le colonel de Rochas s'est ingénié à démontrer l'extériorisation de la sensibilité et de la motricité (qui sont sous la dépendance de la force nerveuse) par de nombreuses expériences Les résultats qu'il a obtenus sont admis par quelques rares savants ; mais ils sont considérés par d'autres comme douteux ou comme provenant de suggestions inconscientes.

La découverte des radiations humaines faite par le professeur Charpentier, de la Faculté des sciences de Nancy, vient à l'appui de cette extériorisation ; les émanations sont abondantes surtout au niveau des centres nerveux et des troncs nerveux principaux ; des expériences concluantes confirment que les radiations émanent exclusivement du tissu nerveux. (Voir : G. Bonnet : les Merveilles de l'Hypnotisme)

Il en est de même des observations faites par Reichembach en 1885, d'après lesquelles les sujets très sensitifs aperçoivent les différentes parties du corps humain entourées d'auréoles diversement colorées. Avant lui, déjà, quelques opérateurs avaient affirmé que certains sujets, magnétisés fortement, voyaient le fluide magnétique s'échapper tout autour de la personne de leur magnétiseur sous forme d'effluves lumineux.

Je signalerai encore les expériences d'hypnotisation à distance dont quelques-unes paraissent irréfutables et que j'ai rapportées dans mon ouvrage sur la *Transmission de pensée*.

Je terminerai en rappelant les cas de vision éloignée, au travers des obstacles matériels, observés de temps à autre, quoique rarement, et dont le plus connu est celui d'Alexis Didier.

Ce sont là des exceptions : mais la constatation de ces exceptions nous oblige à admettre une règle générale. En effet, il est avéré que de temps à autre, exceptionnellement, des manifestations insolites se produisent chez des individus spéciaux et dans des circonstances particulières, provoquant l'étonnement et la curiosité. Ce sont des phénomènes de lucidité, de prévision, des pressentiments, des faits de télépathie de transmission et de perception de pensée à distance, des sentiments de sympathie ou d'antipathie qui éclosent brusquement, des impulsions attractives ou répulsives, des actes d'influence réciproque, de domination ou de subordination instinctives, etc.

En admettant l'extériorisation de la force nerveuse et son action à distance, hors de l'organisme, dans un champ nerveux plus ou moins étendu, tout s'explique et devient scientifique. Et, dès lors, toutes ces particularités cessent d'être des exceptions ou de simples coïncidences; elles représentent des formes amplifiées, mais naturelles, de phénomènes généraux et habituels dont l'intensité est trop faible, dans les conditions ordinaires, pour en permettre la perception.

Il est, dans les sciences physiques et naturelles, des faits extrêmement nombreux que nous apercevons seulement dans des circonstances spéciales et qui, pourtant, existent de façon constante et de tout temps.

Tracez des lignes sur un mur avec un bâton de phosphore. Vous ne les voyez pas en plein jour, mais elles y sont et deviennent lumineuses dans l'obscurité.

Il en est de même pour les étoiles du firmament.

L'expiration humaine rejette toujours de la vapeur d'eau qui est invisible pendant l'été mais qui vous semble très abondante pendant l'hiver si vous respirez à l'air libre.

Il serait facile de multiplier les exemples.

La puissance personnelle étant une manifestation de la puissance cérébrale et un résultat de l'expansion extérieure de la force nerveuse, on doit en conclure que toutes les causes qui peuvent augmenter la puissance cérébrale et l'énergie de la force nerveuse contribuent au développement de la puissance personnelle.

Inversement, tout ce qui peut diminuer la puissance cérébrale et contrarier la force nerveuse doit nuire à la puissance personnelle.

Il ne me semble guère possible d'établir en détail toutes les causes adjuvantes et toutes les causes déprimantes ; mais il est facile de les englober dans des formules générales

Tout ce qui peut augmenter la force physique et la force morale, tous les bons sentiments, toutes les bonnes pensées sont favorables ; tous les sentiments mauvais, toutes les pensées mauvaises sont défavorables

Tout ce qui peut entraîner la sympathie est utile ; tout ce qui peut provoquer l'antipathie est nuisible.

Vous pouvez augmenter votre force physique par des exercices corporels, par des travaux manuels, par des jeux sportifs, tels que la promenade, la marche, la course, la gymnastique, l'équitation, l'escrime, le jardinage, le tennis, le crocket, etc. que vous devez proportionner et choisir selon votre situation sociale, vos relations mondaines, votre âge, votre tempérament, votre dextérité naturelle, vos goûts instinctifs.

Vous devrez vous y livrer de temps à autre, par intermittences aussi régulières que possible, afin de rendre, par l'accoutumance, leur exécution de plus en plus facile Vous ne devez jamais les pousser jusqu'à la fatigue, car la fatigue déprime et s'oppose à la bonne réussite.

Soyez réglé dans vos occupations journalières ; travaillez, mangez, mettez-vous au lit, levez-vous, toujours aux mêmes heures.

Soyez sobre. Que votre nourriture soit substantielle et suffisante ; mangez selon votre faim et votre appétit mais sans excès.

Si vous avez sommeil après le repas, pendant la journée. ne craignez pas de faire une courte sieste ; obéissez à la sollicitation de la nature ; allongez-vous sur un lit ou sur un divan et dormez pendant une heure et même davantage, si vous le pouvez et si vous avez le temps, jusqu'à ce que toute sensation de malaise ou de lassitude ait disparu.

Et à ce sujet, je crois devoir, incidemment, protester contre un préjugé trop répandu, même dans le corps médical, d'après lequel le sommeil immédiatement après le repas est nuisible et s'oppose à la régularité de la digestion. Voyez ce qui se passe dans presque tous nos établissements d'instruction, dans nos collèges et dans nos lycées : les élèves internes vont au dortoir après le repas du soir, tout de suite, en sortant de table, et ils ne s'en portent pas plus mal.

La plupart des ouvriers et des travailleurs manuels, fatigués du labeur journalier, se mettent au lit presque tout de suite après le souper et n'en éprouvent que des avantages, sans aucun inconvénient.

Si vos loisirs vous le permettent faites-en autant après un repas quelconque, même pendant le jour, si vous ressentez un besoin de sommeil.

Si vous n'avez pas envie de dormir et que vous puissiez disposer d'un certain temps, reposez-vous quand même après avoir quitté la table. Le travail de la digestion nécessite une dépense de force nerveuse : un exercice quelconque, intellectuel ou physique, venant immédiatement après le repas, peut absorber ou détourner une partie de la force nerveuse nécessaire à la fonction digestive et peut être nuisible au bon accomplissement de cette fonction.

Le moral se rapporte à l'action et à la réaction des facultés cérébrales ; c'est la manifestation de la pensée sous ses diverses formes. Vous pouvez le fortifier par des travaux intellectuels modérés, des exercices de mémoire, de réflexion, des lectures scientifiques ou littéraires, proportionnés à votre instruction et à vos aptitudes naturelles ou acquises. Vous le conserverez en bon état par votre gaieté, par la satisfaction du devoir accompli, par le calme de vos nerfs, par la tranquillité de votre esprit, l'égalité de votre caractère, votre sang-froid en toute circonstance, même si la fortune vous est contraire. Ne vous découragez jamais ; soyez toujours confiant dans votre force et dans le succès définitif.

D'autre part, vous devez écarter et supprimer les causes débilitantes. Evitez les excès de toutes sortes, les repas trop copieux, l'intempérance sous toutes ses formes, l'ivrognerie, la débauche les veilles prolongées ; ne vous abandonnez pas à la paresse ni à l'oisiveté ; chassez de votre esprit les préoccupations pénibles, les soucis et la tristesse ; redoutez de vous laisser entraîner à l'abattement.

Par tous ces moyens, qui sont à votre portée, vous développerez fortement la puissance de votre personnalité. Mais, pour cela, il faut vouloir, vouloir avec persévérance et, surtout, vouloir avec calme et sans impatience.

Si votre volonté est trop faible, si votre énergie a des défaillances, si vous éprouvez quelque difficulté pour acquérir les bonnes qualités et pour en conserver l'habitude, pour renoncer à un vice et vous corriger de vos défauts, usez de l'auto-suggestion. Mettez-vous dans un certain degré d'abandon, de passivité et même d'auto-hypnotisme ; employez, pour la suggestion, les méthodes et les exercices qui ont déjà été indiqués : faites effort pour bien concentrer votre pensée sur le résultat que vous désirez obtenir et *affirmez* ce résultat.

Si votre caractère est violent et emporté, suggérez-vous que vous êtes doux et calme ; si vous êtes timide, faites-vous la suggestion que vous êtes hardi et que vous avez de l'audace ; si vous êtes vicieux en quoi que ce soit essayez de développer dans votre cerveau l'idée qui se rapporte à la qualité contraire à votre vice.

N'espérez pas réussir d'emblée et sans peine en peu de jours : vous devez être persévérant : mettez-y le temps, faites des suggestions fréquentes et ne vous découragez jamais.

Souvenez-vous que toute idée qui naît dans le cerveau ou qui y est introduite peut ne pas être acceptée tout d'abord et que la première trace qu'elle y imprime est, parfois, très légère et fugace. Mais si cette idée se répète souvent, la trace s'approfondit, devient de plus en plus marquée, finit par produire une impression indélébile et se transforme en acte.

En opérant ainsi, avec constance et persistance vous arriverez sûrement à la maîtrise de vous-même et vous obtiendrez une influence rapide sur votre organisme qui réagira favorablement au moindre indice fourni par votre volonté.

Au fur et à mesure que vous aurez procédé à cet entraînement vous aurez accru votre puissance personnelle vis-à-vis d'autrui et vous aurez constaté que votre influence est grandissante autour de vous. Les vibrations nerveuses qui, consciemment ou à votre insu, s'échappent de votre personne, augmentent en intensité et en nombre, se répandent de plus en plus loin et votre champ nerveux se trouve agrandi.

Vous pouvez développer votre pouvoir encore plus par l'usage persistant de quelques règles de conduite qui vous aideront à conquérir la sympathie, l'amitié et la confiance de vos semblables.

Dans vos relations sociales soyez agréable et bon. C'est là une formule générale comportant une foule de petits détails qui peuvent avoir la plus grande importance.

Pour être agréable ayez toujours le souci de bien soigner votre personne. Habillez-vous proprement ; ayez une tenue modeste si vos moyens pécuniaires ne vous permettent pas d'en avoir une brillante ; mais soyez toujours convenable et décent. Contrairement à un proverbe bien connu, il arrive souvent que l'habit fait le moine ; telle personne que vous connaissez vous saluera dans la rue si vous êtes bien habillé et se détournera dans le cas contraire.

N'ayez pas l'air d'être besogneux et soyez constamment de bonne humeur ; le public juge d'après les apparences : il n'accorde sa faveur qu'à celui qui semble heureux.

Veillez à la propreté de vos dents et de votre bouche. J'ai la certitude que, dans plusieurs ménages, la brouille est survenue parce que l'un des époux avait des dents gâtées et une haleine désagréable.

Si vous êtes fumeur, abstenez-vous de fumer quand vous devrez venir dans la société des dames ou de quelqu'un que vous savez ne pas fumer. Si vous transpirez des pieds, si votre corps exhale quelque mauvaise odeur, soignez-vous ; ne vous exposez pas à provoquer aucun geste de recul, aucun sentiment de répulsion.

Quand vous causez avec une personne dont la fréquentation ne vous est pas habituelle et dont vous voulez aquérir l'estime et la sympathie amenez la conversation sur des sujets qui l'intéressent ; laissez-la parler sans l'interrompre ; écoutez-la avec attention ; ayez, de temps à autre, quelque mouvement approbatif ; un léger sourire, un petit signe de tête lui feront le plus grand plaisir et vous mériteront toute sa reconnaissance.

Lorsque la conversation roule sur la politique ou la religion, respectez les opinions de chacun: ne les heurtez pas ; ne cherchez pas à imposer les vôtres si elles sont contraires. Dans ce genre de discussion vous réussirez rarement à convaincre quelqu'un qui n'est pas de votre avis et vous risquez de transformer en adversaire et en ennemi une personne avec laquelle vous étiez en excellentes relations.

Soyez bon ; faites le bien dans la mesure du possible autour de vous ; vous y gagnerez l'estime de tout le monde. La bonté donne le calme, neutralise la contrariété, empêche l'impatience. C'est la qualité de l'homme réellement fort. L'homme bon conserve, en toute occasion, sa présence d'esprit, reste maître de lui et n'est jamais en état d'infériorité.

N'ayez jamais de haine, jamais de méchanceté pour qui que ce soit, même pour un ennemi déclaré, même pour celui qui vous a fait du mal. Ne vous mettez pas en colère Ces sentiments détruisent l'équilibre normal de la force nerveuse, en provoquent une dépense exagérée et inutile, détraquent le cerveau, troublent la régularité de l'innervation générale; empêchent le bon fonctionnement de tous les organes et altèrent la santé. Ils vous aliènent ceux qui en sont l'objet tandis qu'avec de la bienveillance et de la douceur vous auriez pu, quelquefois, les ramener à vous et les forcer à reconnaître votre supériorité morale.

Il ne faudrait pas en conclure que vous devez supporter sans y répondre et sans réagir les mauvais propos, les injures, la médisance et la calomnie dont vous pouvez être l'objet de la part de personnes malintentionnées

L'homme le meilleur, le plus honnête, dont la probité et le désintéressement sont irréprochables, n'est pas toujours à l'abri de manœuvres hostiles ou déloyales ; il peut avoir des envieux ou des concurrents pour lesquels tous les moyens de réussir sont bons. Il a pour devoir, assurément, de se mettre en garde, de résister et, s'il le peut, de réduire ses adversaires dans l'impossibilité de nuire Il n'a pas le droit de laisser porter atteinte à son honneur et à ses intérêts légitimes. Mais, dans cette lutte, il ne devra jamais se départir du calme de ses nerfs, de la tranquillité de son esprit, de la modération de son caractère ; car, ainsi, il pourra apprécier la situation avec une attention plus réfléchie et prendre, sans excitation et sans dépression, les mesures les plus convenables pour déjouer toute machination ourdie contre lui et pour s'assurer le succès.

Vivez autant que possible dans un entourage sympathique. Si votre profession, votre situation sociale vous obligent à des fréquentations mondaines, à aller dans des réunions et des assemblées nombreuses, à faire partie de diverses sociétés, recherchez la compagnie des personnes qui pensent comme vous, qui ont des idées semblables aux vôtres ; éloignez-vous de celles qui ont des idées contraires : fuyez celles qui sont méchantes et haineuses, mécontentes et irascibles.

Ne racontez pas vos affaires. Si elles sont prospères vous risquez de faire des envieux et des malveillants. Si, au contraire, vos intérêts sont compromis, il est fort douteux que vous obteniez le secours et la protection qui vous sont nécessaires. Si vous avez besoin d'un conseil, adressez vous à un ami dont la discrétion vous est connue et qui peut vous aider de ses avis et de son expérience.

Soyez affable avec vos inférieurs, compatissant pour les malheureux, poliment familier avec vos égaux, digne sans flatterie et sans bassesse avec vos supérieurs.

En toute circonstance vous devez avoir le respect d'autrui et de vous-même.

Quand vous serez parvenu à réaliser toutes les conditions qui précèdent, votre puissance personnelle aura presque atteint son apogée. Elle agira automatiquement autour de vous et vous n'aurez à faire aucun effort conscient pour influencer le plus grand nombre des personnes avec qui vous entrerez en relation.

Il est possible, cependant, d'augmenter encore son efficacité en faisant intervenir la volonté et la suggestion.

Lorsqu'on veut influencer quelqu'un pour lui faire accepter une idée ou exécuter un acte, il faut faire pénétrer dans son esprit la conviction que cette idée est juste et que cet acte est nécessaire.

Si, réellement, l'idée est juste et l'acte nécessaire, si le quelqu'un dont il s'agit est bien libre de ses opinions et de ses actions, s'il n'a pas d'intention préconçue, si vous ne lui êtes pas antipathique, le moindre raisonnement peut suffire pour le décider à se comporter selon vos désirs et conformément à vos intérêts.

Mais il peut se faire que quelques-unes des conditions ci-dessus ne soient pas remplies et que vous ne soyez pas certain de l'acquiescement que vous recherchez. Pourtant, vous en avez absolument besoin ; il vous est indispensable ; il vous le faut pour réussir dans le projet que vous avez formé.

Si vous pensez que l'individu vous accordera difficilement son adhésion, si vous croyez qu'il résistera à votre sollicitation, il peut vous être utile de vaincre sa résistance, ou, tout au moins, de la diminuer.

Dans ce cas, vous devez faire intervenir fortement votre volonté et vous aurez recours à l'emploi de la suggestion.

Nous savons que la suggestion peut être hypnotique ou vigile.

Vous pouvez employer la suggestion hypnotique lorsque, par un moyen quelconque, direct ou détourné, il vous est possible d'amener cette personne à se prêter à des essais d'hypnotisation. Si elle est hypnotisable à un degré quelconque vous pouvez, pendant l'état hypnotique, essayer votre pouvoir sur elle et lui faire des suggestions.

Si la personne est très suggestible, qu'elle atteint un degré somnambuloïde élevé ou une phase somnambulique, vous pouvez brusquer le dénouement et faire immédiatement la suggestion définitive. Prolongez la séance le plus longtemps possible et répétez plusieurs fois votre suggestion.

Si, au contraire, la personne est peu suggestible, si elle n'arrive qu'aux degrés inférieurs de l'hypnose, à un état léger, vous devez agir avec précaution et user de ménagements. Il sera bon de faire un certain nombre de séances successives, suffisamment rapprochées, qui pourront permettre d'accroître la suggestibilité. A chacune de ces séances vous progresserez lentement et prudemment vers le but désiré. Vous débuterez par des suggestions insignifiantes, étrangères, d'importance ou de difficulté croissante, ayant pour but de bien établir votre influence et vous ne risquerez la suggestion principale que lorsque votre sujet vous semblera avoir acquis une sensibilité suffisante.

La réalisation de la suggestion n'est jamais absolument certaine, même si le sujet est fortement suggestible, parce que la suggestibilité peut être limitée à certaines idées, à certains actes, de sorte qu'elle n'existe pas pour tout ce qu'on peut demander ou ordonner. Il peut arriver aussi que la suggestion soit désagréable au sujet, qu'il s'obstine à la repousser et que sa volonté soit assez énergique pour empêcher son obéissance.

Mais, quoi qu'il en soit, il est probable que, dans tous les cas, vous aurez diminué la force d'opposition, entamé la résistance et acquis quelques chances nouvelles de succès.

Si le cas le permet, si la personne à influencer appartient à votre famille, vit dans la même maison que vous, vous pourrez utiliser la suggestion pendant le sommeil naturel.

La suggestion vigile ou à l'état de veille est celle qui se pratique en dehors de toute manœuvre hypnotique.

A vrai dire, quand elle réussit, il est probable qu'un état spécial d'hypnose ou, plutôt, un état particulier de suggestibilité est intervenu sans que ni le sujet ni l'opérateur en aient conscience ou aient cherché à le produire.

Nous savons, d'ailleurs que la suggestibilité existe presque toujours de façon latente, en dehors de tout sommeil nerveux provoqué, et qu'elle domine tous les phénomènes de l'hypnose dont elle est la cause originelle.

C'est sur cette propriété, sur la suggestibilité innée, visible ou non, qu'est basée la méthode d'hypnotisation de l'Ecole de Nancy, méthode qui met en œuvre la suggestion dès le début de la séance et l'utilise pour obtenir le sommeil hypnotique ; or, puisque la suggestion opère sans qu'il y ait sommeil préalable c'est qu'il y a suggestibilité primordiale : et puisque le sommeil hypnotique ne se produit que par la suite, ce sommeil est une conséquence de la suggestibilité et ne saurait en être la cause première. Mais, réciproquement, le sommeil réagit sur la suggestibilité et l'augmente : de là son utilité pratique ; la suggestibilité nouvelle, acquise et accrue, prend le nom de suggestibilité hypnotique.

Quelle que soit sa variété, la suggestibilité est une faculté naturelle du cerveau, variable chez les divers individus, comme toutes les autres facultés cérébrales, telles que la mémoire, l'intelligence, etc. C'est ce qui explique pourquoi certaines personnes sont très suggestibles tandis que d'autres le sont très peu ou ne le sont pas du tout.

La suggestibilité semble résulter d'un fait scientifique général qui domine toute la nature et qui consiste en ce que lorsque deux corps sont en présence toutes leurs vibrations moléculaires et toutes les forces dont ils peuvent être l'application réagissent les unes sur les autres, se composent les unes dans les autres et tendent à s'équilibrer.

Ce fait scientifique ne semble pas douteux quand il s'agit de deux corps matériels inanimés et de certaines forces particulières.

Placez un corps chaud dans le voisinage d'un corps froid ; le corps le plus chaud cédera à l'autre une partie de sa chaleur ou, inversement, le corps froid soutirera une partie de la chaleur du corps chaud, jusqu'à ce qu'il y ait entre eux égalité de température.

Quand un circuit métallique est parcouru par un courant électrique il fait naître un courant de sens contraire dans tout autre circuit métallique, électrisé ou non, situé dans son champ ; le sens du mouvement et son intensité se modifient si l'on déplace les circuits et si l'on fait varier la distance qui les sépare ; les charges électriques tendent vers un mode spécial de stabilité.

Les diverses régions de l'atmosphère, soumises à des pressions différentes, se déplacent les unes vers les autres pour égaliser ces pressions.

Si deux gaz différents sont renfermés dans deux récipients séparés et qu'on mette ces récipients en communication, chacun des gaz se répand dans l'espace total jusqu'à ce que le mélange soit identique dans toutes ses parties.

Cette tendance à l'équilibre, à la mobilité, à l'uniformité, n'est pas aussi évidente pour les organismes vivants. Pourtant certains indices semblent **la démontrer.**

Ainsi, dans le mariage, un homme et une femme d'habitudes et de goûts différents, finissent par prendre, très souvent, les mêmes habitudes et les mêmes goûts. Si le mari est d'un caractère emporté et que la femme soit timide, il arrive bientôt que la timidité de celle-ci disparaît et que l'emportement de celui-là s'atténue et se supprime. Fréquemment on observe sur les deux visages des jeux de physionomie et même des traits tout à fait semblables qui pourraient faire croire que les deux époux sont issus d'une souche commune.

Le vieux proverbe *qui se ressemble s'assemble* pourrait parfois être retourné et exprimé ainsi : *qui s'assemble se ressemble*. Et, en effet, si vous faites votre société habituelle d'un groupe de personnes, vous ne tardez pas à vous conformer entièrement à leur langage, à leur allure, à leurs mœurs, à la plupart de leurs coutumes ; vous finissez par acquérir les mêmes qualités et les mêmes défauts.

Prenez l'habitude de lire un même journal même déplaisant et dont les idées sont contraires aux vôtres ; avant peu il vous plaira et vous partagerez presque toutes ses opinions.

Pour que ces divers résultats se réalisent il faut quelquefois beaucoup de temps ; mais selon les aptitudes et la malléabilité de chacun l'accoutumance peut être fort rapide.

Le fait que j'ai énoncé peut donc être considéré comme général.

« Tout être vivant, dit *Jussieu*, est un véritable corps électrique constamment imprégné de ce principe actif mais non pas toujours en même proportion. Les uns en ont plus et les autres moins. Dès lors on conçoit qu'il doit être poussé au dehors par les uns et attiré ou repompé avidement par les autres ; que le voisinage de celui dans lequel il abonde est profitable à celui qui en manque. La cohabitation de l'enfant avec le vieillard est utile à celui-ci et nuisible à celui-là ».

C'est par application de ce même principe que le roi David, dans sa vieillesse, pour retarder sa débilité sénile et récupérer des forces, dormait entre deux jeunes et fortes filles.

Si deux individus couchent ensemble dans le même lit, il est bien rare que, le matin, l'un des deux ne se sente fatigué, alors que l'autre se trouve plus vigoureux.

Tous ces exemples viennent à l'appui de cette même loi générale.

Aussi, j'estime qu'il n'est pas téméraire d'admettre que deux organismes vivants mis en présence réagissent l'un sur l'autre, peuvent subir une influence réciproque et exercer des actions qui tendent à les mettre à l'unisson ; la rapidité des effets produits sera sous la dépendance de la sensibilité ou de la suggestibilité de chacun d'eux. En conséquence, toute pensée éclose dans l'un des deux cerveaux provoquera dans l'autre une pensée corrélative ; toute parole prononcée suggèrera chez l'auditeur une idée ou une réponse ; tout mouvement, tout geste de l'un entraînera un mouvement ou un geste réactionnel de l'autre.

En un mot, la force nerveuse d'une personne peut et doit, par ses diverses manifestations, avoir une influence sur la force nerveuse d'une autre et occasionner une réaction qui est la conséquence de cette influence.

Par conséquent, chaque fois que vous viendrez en présence ou en contact avec une autre personne une modification se produira dans l'état statique ou l'état dynamique de votre force nerveuse et de la sienne.

Si vous possédez la puissance personnelle, si, par suite d'un entraînement bien compris, vous avez une réserve et un excédant de force nerveuse, si, par votre volonté, vous êtes le maître de votre propre organisme, vous aurez un avantage réel sur tout organisme incomplètement entraîné ou dont la volonté n'a pas été suffisamment disciplinée.

Or, nous avons vu que la puissance personnelle rend attractif en imposant la sympathie. Donc, vous exercerez une attraction sur l'organisme voisin : vous l'attirerez dans votre giron ; votre action, généralement, se traduira chez lui en une sensation ou un sentiment agréable.

Mettez un barreau aimanté librement suspendu en présence d'un barreau de fer doux librement suspendu aussi. Une attraction aura lieu entre les deux barreaux et ils marcheront l'un vers l'autre ; mais les chemins parcourus varieront en raison inverse de leurs masses ; la plus grande masse se déplacera moins, la plus faible se déplacera davantage.

Votre puissance personnelle, développée d'après les principes et les méthodes que nous avons exposés, vous permettra d'être le corps de plus grande masse, celui qui aura le moins à se déplacer : votre volonté sera la force attractive qui entraînera l'autre organisme vers le vôtre ; vous aurez barre sur cet organisme ; il sera plus ou moins suggestible vis-à-vis de vous Votre force nerveuse, fortement concentrée par la pensée, vigoureusement poussée par la volonté, possèdera une énergie exceptionnelle et pourra produire sur autrui une impression profonde.

La suggestion vigile peut être pratiquée de quatre manières principales qui constituent autant de variétés différentes. Ce sont : la suggestion mentale, la suggestion verbale, la suggestion par le geste, la suggestion par le regard.

Suggestion mentale La suggestion mentale est basée sur la propriété qu'a la pensée de pouvoir se propager à distance.

J'ai consacré tout un volume à l'étude de la transmission de la pensée et des divers modes par lesquels cette transmission peut se faire. Ceux de mes lecteurs que cette question intéresse plus particulièrement pourront s'y reporter. Ils liront aussi, avec profit, l'ouvrage si remarquable du professeur Ochorovicz sur la suggestion mentale.

La transmission de la pensée à distance rapprochée ou éloignée est-elle possible par la pensée seule, avec ou sans l'aide de la volonté, ou bien nécessite-t-elle l'existence de mouvements conscients ou inconscients de la part de l'opérateur ?

La réponse à cette question est, dans le cas qui nous occupe actuellement, d'une importance tout à fait accessoire.

Que la pensée agisse seule, par sa propre nature et par ses propriétés, que la volonté intervienne ou que la transmission soit due à des mouvements concomitants, ce qui nous importe c'est de savoir que la communication à distance est possible ; nous n'avons pas à établir de distinction entre la suggestion mentale vraie et la suggestion mentale apparente.

J'ai déjà, précédemment, établi que la force nerveuse s'extériorise, qu'elle peut agir à distance sur un autre organisme. Je crois qu'il n'est pas superflu d'insister de nouveau sur cette même question qui présente une importance capitale et qui n'est pas encore suffisamment élucidée.

Dans l'état somnambulique, la transmission de la pensée par la suggestion mentale a été reconnue par *Puységur*, en 1784. Il disait, en parlant de son sujet, un jeune paysan de vingt-trois ans : « Je n'ai pas besoin de lui parler, je pense devant lui et il m'entend, me répond »

Après lui, le Dr *Petetin*, *Deleuze*, le baron *Du Potet* et bien d'autres, ont eu des sujets qui, magnétisés, ont manifesté le même phénomène.

La plupart des magnétiseurs anciens et modernes, parmi lesquels Lafontaine et Donato, ont réussi des expériences de transmission mentale avec leurs sujets mis, préalablement, en état magnétique.

D'après les idées nouvelles, le sommeil provoqué n'est pas absolument nécessaire pour la production des effets suggestifs puisqu'il est lui-même un effet secondaire de suggestion. On devrait donc, si la suggestion mentale existe, pouvoir la réaliser à distance sur un sujet sensible sans avoir procédé à son hypnotisation préalable, et lui faire accepter des suggestions parmi lesquelles celle de sommeil pourra constituer une preuve évidente.

Or, de telles expériences ont été essayées et réussies.

Je n'entrerai pas dans le détail de ces expériences que j'ai déjà rapportées dans mon ouvrage spécial. Je me contenterai d'en signaler quelques-unes pour mémoire.

A Nancy, MM. *Liégeois, Beaunis* et *Liébeault* ont à leur actif des faits bien démonstratifs ; pour eux la suggestion mentale est absolument certaine.

Les professeurs Bernheim de Nancy, Grasset de Montpellier, Pitres de Bordeaux, Crocq de Bruxelles, ne sont pas aussi affirmatifs. Ils mettent en doute l'existence de la suggestion mentale qu'ils ne trouvent pas suffisamment démontrée mais ils ne la nient pas.

D'autre part, le professeur Ochorovicz, le Dr Perronet, MM. Pierre Janet et le Dr Gibert, le professeur Ch. Richet etc. ont expérimenté avec succès ou ont assisté à des expériences qu'ils considèrent comme concluantes. Dans, la plupart d'entr'elles les sujets ont été impressionnés à distance, hors de la vue, sans hypnotisation préliminaire et à leur insu.

Il en est de même dans les faits rapportés par le Dr Héricourt et par le Dr Dusart.

Dans toutes ces observations il s'agissait de personnes déjà entraînées par quelques séances antérieures de magnétisation ou d'hypnotisation et dont la sensibilité psychique se trouvait ainsi exaltée vis-à-vis des actions tentées sur elles par les opérateurs.

Néanmoins, la conclusion s'impose : la suggestion s'exerce à travers l'espace.

Il est donc rationnel d'en faire l'essai à l'occasion si l'on veut influencer quelqu'un à son insu et à distance.

On aura plus de chances de réussir chez un sujet qui, antérieurement, aura été entraîné par des séances de suggestion verbale dans un degré quelconque d'hypnose et qui, par conséquent, aura déjà subi l'influence de l'hynotiseur.

J'estime que nous pouvons généraliser et admettre qu'il pourra en être de même chez tout sujet non entraîné dont la suggestibilité est ignorée mais peut, par hasard, être suffisamment forte.

Les effets que l'on obtiendra seront rarement comparables à ceux qui ont été observés dans des cas exceptionnels par les opérateurs dont j'ai cité les noms précédemment ; mais, même en l'absence de tout succès constaté, il pourra se faire qu'on produise, quelquefois, une impression latente favorable dont le résultat se fera sentir tôt ou tard.

La suggestion mentale s'exerce, consciemment ou inconsciemment, chaque fois que l'on emploie tout autre mode de suggestion ; elle accompagne les suggestions faites par la parole, par le regard, par le geste, puisque, dans tous ces cas, elle n'est, en réalité, autre chose que la pensée exprimée par des signes extérieurs.

Mais on peut y recourir de façon exclusive quand on se trouve éloigné de la personne à influencer et, principalement, quand on est hors de sa présence et qu'on ne la voit pas.

Certaines conditions adjuvantes, concernant soit l'opérateur, soit le sujet, paraissent nécessaires pour la réussite, pour obtenir un effet plus marqué et plus certain.

Il va sans dire que tout ceci est purement théorique ; et il ne saurait en être autrement dans l'état actuel de la science.

L'opérateur devra, autant que possible, se placer dans un endroit solitaire où les bruits du dehors ne pourront venir le troubler. Silencieux et immobile, il concentrera toute l'activité de son cerveau sur la pensée à transmettre et sur l'image ou l'idée de la personne à influencer Sa volonté sera ferme et continue sans distraction.

La durée de l'opération ne peut être déterminée d'avance ; l'opérateur ne doit pas la pousser jusqu'à la fatigue ; il doit l'interrompre quand la rêverie ou une idée étrangère se présente à son esprit, sauf à recommencer quelques moments après s'il peut disposer d'un temps plus long Cinq ou dix minutes peuvent suffire mais ne sont pas de trop.

Pendant toute la séance il devra, lentement et fermement, tout en maintenant la concentration de sa pensée, répéter, mentalement et constamment, la suggestion qui le préoccupe.

Les conditions qui se rapportent au sujet et dans lesquelles il doit se trouver pour bien percevoir la transmission, ne sont pas aussi faciles à établir ; mais, on peut les conjecturer en se basant sur les circonstances qui favorisent la suggestion ordinaire.

Nous savons que celle-ci se réalise surtout quand le cerveau du sujet présente un certain degré de passivité ou que son attention s'accumule sur une occupation uniforme et continue qui peut provoquer une congestion nerveuse la situation est comparable à celle qui existe pendant l'hypnotisation, d'après la théorie du Dr Philips. (Voir G. *Bonnet, Merveilles de l'Hypnotisme.*)

Si vous connaissez l'emploi du temps du sujet pendant la journée, vous saurez qu'à une certaine heure il fait telle chose et qu'à une autre heure il en fait telle autre.

A certains moments il est absorbé par son travail et sa pensée se concentre sur ce travail ; une partie de sa force nerveuse se dépense pour l'exécution, mais une autre partie est tenue en réserve et est susceptible d'être actionnée par une sollicitation étrangère Il peut même arriver que la fixité de l'attention sur le labeur à accomplir entraîne la production d'un véritable état hypnotique, excellent pour la suggestibilité.

C'est ainsi, en effet, que le lecteur trop attentif à sa lecture s'endort sur son livre ; l'écrivain s'endort sur sa feuille de papier ; le tailleur, en cousant, s'endort, quelquefois, sur son étoffe.

Ces états de sommeil involontaire ou de simple somnolence ou de fixité de l'attention sont favorables à la suggestion.

Vous devrez donc faire votre suggestion quand vous supposerez que le sujet est bien absorbé dans ce qu'il fait.

Vous pouvez encore agir à l'heure probable du coucher ou à celle du réveil matinal, si vous les connaissez.

Vous pouvez opérer pendant la nuit ; le sommeil naturel n'est pas toujours assez profond pour rendre le cerveau totalement insensible et il peut se faire que votre pensée transmise au loin par la vibration nerveuse soit perçue et acceptée par le cerveau à peu près passif.

Vous objecterez, peut-être, que si la distance est considérable l'énergie de la suggestion semble devoir être bien faible, même insuffisante, et que le résultat, par conséquent, sera bien aléatoire.

C'est bien possible. Mais dans un cas rapporté par le Dr Dusart, la suggestion s'est réalisée à une distance de cent douze kilomètres.

Je vous ferai remarquer aussi que la nature produit quelquefois des effets d'une grande intensité par des moyens qui peuvent nous sembler tout à fait minimes.

Vous êtes-vous demandé, par exemple, comment il se fait que, dans le phonographe et les instruments analogues, les vibrations d'une plaque très mince, pesant à peine quelques grammes et n'ayant que quelques centimètres carrés de surface, reproduisent des paroles qui peuvent être entendues, fortement et distinctement, à des distances considérables? L'appareil donne quelquefois, avec exactitude et au même instant, huit ou dix notes différentes dont chacune correspond à plusieurs centaines de vibrations par seconde ; et pourtant toutes les notes se détachent nettement et le son est, parfois, d'une intensité étonnante.

Vous allez me répondre que les vibrations de la plaque sont renforcées à l'aide d'un pavillon résonnateur. Sans doute ; mais il n'en est pas moins vrai que la force initiale semble bien petite pour la grandeur des effets produits et qu'elle met en vibration une énorme quantité d'air.

Et pourquoi le cerveau ne serait-il pas, lui-même, un véritable résonnateur venant renforcer la faible vibration nerveuse qui lui arrive du dehors et le sollicite ?.

Une simple étincelle peut donner naissance à un immense incendie.

Prenez une solution sursaturée et refroidie d'hyposulfite de soude et introduisez dans cette solution la moindre parcelle solide du sel dissous ; toute la masse, quelque grande qu'elle soit, cristallisera aussitôt.

Mettons les choses au pire. Supposons que la

suggestion mentale n'ait pas été transmise ; admettons que la transmission de pensée n'existe pas. L'opération d'essai de transmission aura, néanmoins, des conséquences favorables pour l'opérateur. Elle agit sur lui par auto-suggestion ; elle diminue sa préoccupation ; elle augmente la confiance qu'il peut avoir dans le succès ; elle le rend plus fort par la conviction acquise que la personne suggestionnée tombe sous sa dépendance et doit lui obéir

Donc, dans tous les cas, que la suggestion mentale ne soit pas réalisée ou qu'elle soit irréalisable, l'opération a, pour celui qui la fait, une utilité pratique.

Suggestion verbale. La suggestion verbale à l'état de veille, dont il s'agit ici, ne peut être faite selon le mode habituel puisqu'elle doit être tentée à l'insu du sujet : elle ne doit pas être exprimée directement de vive voix. Il faut donc avoir recours à des artifices particuliers, à des moyens détournés et même au silence qui, quelquefois, est plus expressif et plus éloquent que la parole.

Lorsque vous vous trouverez ou que vous viendrez en présence d'une personne que vous voulez influencer favorablement à vos intérêts et avec laquelle vous devez avoir une conversation importante pour vous, commencez par réprimer toute émotion, **toute hésitation**.

Faites appel à toute l'énergie de votre volonté pour conserver votre calme, chasser la timidité, pour être en possession de votre sang-froid et de toute la lucidité de votre esprit. Si vous êtes ému, si votre parole est hésitante, si vous avez du tremblement dans la voix, vous risquez de vous trouver en état d'infériorité dès le début de l'entretien.

Si vous discutez avec quelqu'un qui vous est supérieur par sa situation sociale, par sa fortune, par son éducation ou son instruction, votre appréhension, vraie ou apparente, peut faire douter de votre valeur personnelle et de la légitimité de vos aspirations.

(Si vous redoutez de ne pas être suffisamment le maître de votre pensée et de vos nerfs, vous pouvez, quelquefois, vous préparer à l'avance par quelques séances d'auto-suggestion volontaire, pendant lesquelles, vous vous suggérerez que vous êtes calme et sans émotion.)

Exposez clairement et simplement ce que vous avez à dire, en termes aussi exacts que possible ; soyez bref et concis pour ne pas être fatigant. Ne cherchez pas à donner à votre phrase une tournure élégante et recherchée pour montrer votre érudition ; avant tout soyez naturel ; mais parlez avec conviction, fermeté et netteté ; c'est le meilleur moyen de persuader que votre cause est juste, que vos désirs ne sont pas exagérés, que vos droits sont réels, que ce que vous demandez vous est dû, que vous le méritez.

Si le cas le permet faites entrevoir à votre interlocuteur qu'il a des motifs personnels et un intérêt particulier à vous donner satisfaction. Passez légèrement sur les avantages que vous espérez et insistez sur ceux qui le concernent.

Si vous êtes interrompu pendant l'exposition de vos idées, si des objections vous sont faites, écoutez avec attention et gardez-vous d'interrompre à votre tour ; répondez en peu de mots et seulement quand votre partenaire s'arrête. N'oubliez pas que celui qui tient la parole aime beaucoup qu'on lui permette d'exprimer toute sa pensée, surtout s'il a la vanité de croire qu'il dit bien ; ne ripostez pas trop vivement, mais doucement et avec la plus exquise politesse ; soyez modéré si vous avez à faire quelque restriction, à émettre quelque doute.

Quand la conversation se prolonge et se détourne sur des questions accessoires ou étrangères, essayez de découvrir ce qui plaît à votre interlocuteur ; et, si vous y parvenez, efforcez-vous de maintenir le discours sur les sujets qui lui sont familiers et agréables ; encouragez-le à parler, à parler seul, en manifestant, de temps à autre, votre approbation par quelque signe discret mais bien net ; ne montrez jamais ni ennui ni impatience ; plus y il parlera, plus il trouvera votre présence agréable, plus vous grandirez dans son estime. Intéressez-vous à la question traitée, ayez l'air d'apprendre quelque chose de nouveau et d'être heureux de l'apprendre.

Abstenez-vous de dire du mal des absents et surtout de vos rivaux et de vos concurrents si vous en avez. Bien mieux, au contraire, faites valoir quelques-uns de leurs mérites, vantez certaines de leurs qualités sans, pourtant, trop insister, vous prouverez ainsi que vous savez apprécier la valeur de chacun et vous ne vous exposerez pas à heurter des sentiments de préférence qui, peut-être, pourraient bien exister pour quelqu'un ; vous éviterez ainsi de passer pour un envieux et pour un médisant.

Parlez de vous le moins possible ; le moi est haïssable et vous finiriez par être importun.

Ne racontez, de vos affaires, que le strict nécessaire et quand vous y êtes absolument forcé. Si vous avez des joies ou des ennuis ne les faites pas connaître ; vous pourriez vous trouver en contradiction avec l'état d'âme de la personne à qui vous vous confiez et, par suite, produire une impression désagréable.

En toute circonstance, livrez-vous le moins possible et demeurez impénétrable en quelque chose ; c'est une légère supériorité. Ne soyez expansif qu'avec les amis dont vous êtes absolument sûr.

Si vous avez affaire à des inférieurs recevez-les avec douceur et bienveillance : prêtez-leur une attention complaisante ; accordez-leur volontiers vos conseils et vos encouragements : une bonne parole, une poignée de main, distribuées à propos et franchement, vous attireront leur gratitude.

Quand vous avez des instructions à donner pour une tâche à accomplir, faites-le simplement, sans morgue, sans ostentation, aussi clairement que possible, et assurez-vous que vous avez été bien compris.

Lorsque le travail est bien exécuté, montrez que vous êtes satisfait ; dans le cas contraire, ne vous fâchez pas, ne grondez pas trop et donnez de nouvelles explications. L'homme à qui on inflige des reproches fait, quelquefois, encore plus mal, tout en voulant faire mieux, avec la meilleure intention de bien faire.

En agissant d'après toutes ces indications, qu'il est impossible de donner complètes, en vous prêtant docilement et prudemment aux circonstances, vous exercerez autour de vous une influence suggestive puissante qui vous permettra de faire des progrès incessants dans l'estime et dans la sympathie de tous, au grand bénéfice de votre considération et de votre situation dans la société.

Suggestion par geste. Le geste est un mouvement de quelque partie du corps, principalement des membres ou de la tête, fait dans le but d'exprimer une pensée, un sentiment ou une intention. (*Larousse*).

Le geste a été, sans aucun doute, le premier langage de l'homme et a toujours constitué comme une sorte de langue commune à toutes les nations, langue tellement naturelle à l'homme que, lorsqu'il parle à ses semblables, il le joint toujours, instinctivement, à l'autre langage, à celui dont sa voix est l'organe.

Le geste peut être involontaire et même inconscient ; dans ce cas, il peut, quelquefois, déceler à autrui des pensées ou des sentiments que l'on voudrait tenir cachés.

Volontaire ou non, en toute occasion, il vient en aide à la parole et au regard. Il est d'autant plus compréhensible et expressif qu'il est accompli plus naturellement et sans recherche.

Le geste est dit suggestif quand il influence ou est destiné à influencer la personne avec laquelle on est en conversation ou en rapport de voisinage.

Il peut être constitué ou fortifié par un certain nombre de petits détails qui ont tous une importance et qui se rapportent aux attitudes diverses et successives que l'on doit prendre et conserver quand on s'entretient avec qeulqu'un.

Tout d'abord et avant tout sachez, que si vous voulez avoir quelque chance de succès, si vous voulez exercer quelque autorité, vous devez, partout et toujours, vous montrer fort et attractif.

Présentez-vous donc avec aisance et sans embarras, mais sans arrogance ni importunité. Saluez avec dignité, sans vanité ni humilité. Prenez un air de déférence mais sans bassesse ; soyez respectueux sans adulation ni flatterie.

Ne semblez pas nécessiteux ; n'ayez pas l'air d'avoir besoin ; souvenez-vous d'un proverbe qui dit qu'on ne prête qu'aux riches. Avancez-vous avec la tranquille assurance d'un homme libre et heureux, dont les qualités méritent un bon accueil et qui s'y attend. Que votre allure soit dégagée, sans affectation ni familiarité.

Ayez confiance absolue dans la réussite Si cette confiance vous fait défaut, simulez-la ; comportez-vous comme si vous ne deviez pas avoir d'échec.

Quand vous parlez, levez la tête et regardez bien en face la personne à qui vous vous adressez ; votre parole aura une plus grande force de persuasion, car l'action de l'œil fortifie l'action de la pensée.

Mais, quand cette personne parlera à son tour, détournez souvent votre regard : ne la regardez que de temps en temps et fort peu ; vous serez moins influencé par ce qu'elle vous dira et vous conserverez mieux votre liberté d'appréciation. Seulement, ayez soin que votre attitude et vos moindres mouvements lui prouvent que vous l'écoutez avec la plus grande attention, que vous tenez compte de ses opinions, que vous faites cas de ses avis.

Ne vous écartez jamais des règles de la plus stricte politesse. La politesse est une monnaie courante qui ne coûte rien et qui est toujours bien accueillie par tout le monde. Vos supérieurs constateront avec satisfaction que vous êtes de bonne éducation ; vos inférieurs vous seront reconnaissants de votre bonhomie et de votre bienveillance.

Un geste qui peut être fortement suggestif consiste dans la manière de donner une poignée de main.

Généralement, la poignée de main est un acte de familiarité et une marque d'amitié ; aussi ne doit-on pas en abuser. Certaines personnes tendent et donnent la main à tout venant et à tout propos ; il en résulte que leur geste est banal et sans aucune importance. Mais cette façon d'agir ne peut être admise et ne se comprend qu'entre personnes se voyant familièrement et très fréquemment.

Presque toujours la poignée de main, y compris le léger serrement et le simple attouchement (qui en sont des formes particulières) doit obéir à certaines règles imposées par les convenances mondaines.

D'une façon générale, vous ne devez présenter votre main qu'aux personnes que vous connaissez suffisamment et qui sont plus jeunes que vous ou moins élevées dans la hiérarchie sociale. Vous devez accepter la main de toute personne qui vous tend la sienne quand cette personne est plus âgée que vous ou de position supérieure.

En conséquence, si vous êtes avec un inférieur et que vous vouliez lui donner une marque d'estime, présentez-lui la main le premier et largement ; ce sera, de votre part, un témoignage de condescendance et une faveur dont il sera fier et qu'il appréciera à votre avantage. Vous pouvez vous permettre de secouer une ou deux fois et de serrer un peu fortement si vous avez affaire à un homme ; vous devez vous borner à une pression modérée et même à un léger effleurement s'il s'agit d'une dame et vous abstenir de tout autre mouvement qui pourrait être considéré comme impoli ou trop familier.

Si vous vous trouvez avec un supérieur il peut se faire que le début de la présentation, le premier abord, soit quelque peu cérémonieux et que chacun se tienne sur la réserve.

Mais il arrive parfois qu'à la fin de l'entretien, au moment de la séparation, le supérieur vous présente sa main : vous devez accepter de la prendre. Mais il ne faut pas que le premier mouvement vienne de vous et vous devez aussi éviter de secouer et de serrer fortement Un pareil geste pourrait être mal interprété et considéré comme une grossièreté. Cette appréciation serait de nature à détruire les bons effets que vous auriez pu produire antérieurement pendant la conversation.

Dans tous les cas, lorsque vous avez l'intention d'influencer la personne dont vous tenez la main, prolongez l'attouchement dans les limites permises par les convenances et par la politesse.

Rompez l'étreinte le dernier, et que vos doigts demeurent fermés jusqu'à la fin, jusqu'à cessation de tout contact. Pendant ce temps faites mentalement votre suggestion en regardant la personne dans les yeux ou entre les deux yeux.

Cette petite opération, si vous croyez à son efficacité, agit sur vous-même par auto-suggestion. Si vous avez la conviction d'exercer une action sur autrui, vous augmentez d'autant votre propre confiance et votre vigueur morale.

Suggestion par le regard. Le regard est un des moyens les plus puissants que l'homme possède pour influencer ses semblables.

Il exprime tour à tour la douceur ou la violence, l'affection ou la haine, la bonté ou la cruauté, l'indifférence ou l'intérêt, l'antipathie ou la sympathie, la bienveillance ou le mauvais vouloir.

Les variations du regard, sa mobilité, sa fixité, ses caresses ou sa dureté, manifestent clairement les actions diverses de la pensée, les sentiments, les intentions, la passion, le désir, la volonté.

Le pouvoir prépondérant du regard a été reconnu et admis de tout temps et en tout lieu.

S'il est permis de dire que la parole est éloquente et que le geste est insinuant, on peut, avec autant de justesse, affirmer que le regard projette une force de domination qui leur est bien supérieur. La parole émeut ; le geste persuade ; mais le regard commande.

C'est par le regard que l'homme en impose aux animaux et les range, craintifs, sous sa dépendance. C'est par lui que le dompteur tient en échec les bêtes les plus féroces, les soumet à sa volonté et les oblige à l'obéissance.

Certaines personnes possèdent naturellement, par une qualité innée, une puissance de regard. incomparable, absolument irrésistible.

Les pugilistes les plus fameux, les escrimeurs les plus célèbres doivent souvent leur suprématie à l'autorité qui s'échappe de leur regard. Ce regard présente une acuité et une force pénétrante qui terrorisent l'adversaire, lui enlèvent une partie de ses moyens et diminuent sa résistance.

Donato, célèbre professionnel d'hypnotisme théâtral, employait un procédé de fascination par le regard que beaucoup d'autres, après lui, ont essayé sans réussir, sans pouvoir reproduire ses expériences.

Le regard ferme et tenace implique l'idée d'une résolution immuable, inébranlable et constitue une preuve convaincante d'énergie morale et de vigueur physique.

Il atteint toute sa puissance quand il s'accompagne d'une forte concentration de la pensée et d'une volonté soutenue.

On peut acquérir la puissance du regard par une éducation spéciale ; comme toute autre faculté naturelle elle se développe et se fortifie par l'entraînement.

J'ai, déjà, indiqué quelques exercices particuliers dans le chapitre relatif à la concentration de la pensée. Qu'il me suffise de rappeler que pour accroître la force du regard il faut s'astreindre à garder les yeux ouverts le plus longtemps possible sans aucun clignement de paupières et en fixant toujours le même point.

C'est à cette dernière règle qu'il faut obéir quand on veut, dans une conversation, faire de la suggestion par le regard.

Quel est le point fixe sur lequel le regard doit s'appliquer et se maintenir de façon invariable ?

Théoriquement, la pensée de l'opérateur se manifeste au dehors par les yeux : l'expression de l'œil concorde avec le sens des paroles et la signification du geste.

Théoriquement, aussi, c'est par les yeux que l'opéré perçoit la volonté de l'opérateur et en subit l'influence.

Il semble par conséquent que l'on devrait regarder directement et invariablement dans les yeux.

Mais, pratiquement, il est impossible à l'opérateur de fixer *à la fois* les deux yeux du sujet. Cela tient à ce que, dans la vision ordinaire, les rayons visuels convergent vers un seul et même point, vers un seul et même objet : et, dès lors, l'opérateur est dans l'obligation de porter son regard sur un seul œil de la personne qui est devant lui. Or, la vue se maintiendra difficilement sur cet œil et aura tendance à se déplacer vers l'autre pour revenir un peu plus tard vers le premier. Cette alternance dans la direction des rayons visuels me paraît être un phénomène naturel et involontaire auquel peu d'opérateurs peuvent échapper.

Il y a un autre inconvénient. Si vous regardez votre interlocuteur bien en face dans les yeux, si vos yeux se maintiennent sur les siens vous risquez de l'importuner. Vous pouvez produire sur lui une impression de gêne qui lui est désagréable et l'indispose contre vous. Vous semblez mettre de l'impertinence dans votre action et, finalement, vous obtenez un résultat mauvais, inverse de celui que vous attendez.

Il est préférable, quand on veut exercer une action sur les deux yeux à la fois, de regarder entr'eux, en un point équidistant, c'est-à-dire entre les deux sourcils, à la racine du nez. La fixité de la vision se maintient plus commodément ; vous n'êtes pas obligé à des efforts de volonté qui peuvent nuire à la bonne direction de votre pensée et à des attitudes qui peuvent éveiller l'attention de la personne avec laquelle vous causez.

Ce dernier point est essentiel. Il ne faut pas que cette personne puisse se douter de la tentative que vous faites sur elle, afin qu'elle n'oppose pas de résistance et qu'elle n'y mette aucune opposition.

Cette façon de regarder aura, pour vous, une autre utilité.

En effet, les manifestations extérieures de la physionomie concordent, généralement, avec les actions intimes de la pensée. Si vous donnez à votre regard une direction dominatrice, bien intentionnelle dans ce sens (et c'est le cas dans le mode indiqué), votre pensée reçoit une impulsion de même ordre, réagit sur vous-même par auto-suggestion et acquiert plus d'énergie.

Vous devez habituer votre regard à se porter naturellement et sans effort, instinctivement, sur la région indiquée. Il faut que l'acte soit immédiat et automatique.

Cette habitude, vous pouvez la contracter de la façon suivante.

Etant seul, placez-vous devant une glace et, vous regardant au point d'élection, à la racine du nez, adressez-vous un discours ; récitez-vous une fable, un morceau de littérature ; racontez-vous un conte ou une histoire quelconque ; ou bien, parlez et discutez comme si votre propre image était la représentation exacte de votre futur antagoniste.

Persistez pendant un quart d'heure, une demi heure. Après quelques exercices analogues votre confiance en votre pouvoir sera fortement accrue et votre regard ne tardera pas à avoir acquis toutes les qualités désirables. Vous conserverez les résultats favorables obtenus en renouvelant les mêmes exercices de temps à autre et en vous soumettant à de fréquents entraînements.

Remarques. — Les quatre modes de suggestion vigile que nous venons d'étudier sont, généralement, indissolublement liés et s'exercent ensemble. Quand vous parlez, en effet, vous pensez, vous gesticulez, vous regardez. Votre pensée, votre parole, le geste et le regard concourent à la fois au même but et s'emploient pour une même opération.

La suggestion mentale, seule, peut bien être usitée isolément quand on est éloigné ou hors de la vue de la personne à suggestionner ; mais, de près, toutes les suggestions partielles agissent ou peuvent agir en même temps.

On peut donc et on doit pour obtenir le maximum d'effet, mettre en œuvre, volontairement et à la fois, toutes les indications que j'ai énumérées séparément.

Supposons que, vous trouvant en présence d'une personne quelconque, vous ayez la parole. Votre attitude devra s'accommoder aux pensées que vous exprimez verbalement et vous devrez tenir votre regard immobile vers la racine du nez de cette personne. Vous ferez ainsi, tout ensemble, la suggestion verbale, la suggestion par geste et la suggestion par le regard ; la suggestion mentale est comprise, implicitement, dans les trois autres.

Si vous avez affaire à un inférieur ou à quelque personne que vous ne craignez pas d'incommoder, vous pouvez vous permettre de regarder directement dans les yeux, tantôt dans l'un, tantôt dans l'autre. Ce faisant, vous nuirez quelque peu à la fixité de votre vision, mais vous aurez l'avantage de pouvoir quelquefois mieux distinguer, par l'expression des yeux du sujet, si vous produisez sur lui l'influence que vous recherchez.

Avec un supérieur, regardez toujours à la racine du nez quand vous parlez.

Si, au contraire, c'est vous qui écoutez, vous

devez laisser votre regard errer sur des points différents et ne les porter sur votre interlocuteur que le moins souvent possible. Votre geste doit s'accorder avec les paroles que vous entendez et votre silence doit être calculé de manière à produire une bonne impression.

Tout en écoutant, vous pouvez utiliser la suggestion mentale en pensant à ce que vous désirez et en le répétant mentalement.

Si, par exemple, votre partenaire discute vos opinions et n'abonde pas dans votre sens, vous pouvez penser : « J'ai raison, j'ai raison, vous avez tort, vous avez tort, vous avez tort ». Persistez dans cette suggestion jusqu'à ce que votre tour de parler vous revienne.

Si vous désirez gagner l'estime de cette même personne, vous penserez, pendant qu'elle parle : « Je veux que vous m'estimiez, vous m'estimerez, vous m'estimerez. ».

La suggestion, d'ailleurs, variera selon les circonstances ; avec un peu d'habitude vous arriverez facilement à trouver et à énoncer l'idée nécessaire.

Il ne suffit pas de savoir comment influencer les autres. Il faut aussi pouvoir se mettre à l'abri de leurs suggestions et de celles du milieu dans lequel nous vivons.

Vous y parviendrez en vous faisant de temps à autre l'auto-suggestion que nul ne peut agir sur vous, aller contre votre volonté.

Si vous vous apercevez, cependant, que vous êtes sous la dépendance d'une suggestion, vous vous en débarrasserez par le même moyen, en combattant cette suggestion par une auto-suggestion volontaire.

Si vous suivez bien toutes ces instructions, si vous vous y conformez, vous ne tarderez pas à reconnaître que des changements intimes, profitables, se produisent incessamment dans votre organisme et améliorent votre personnalité physique, intellectuelle et morale.

Vous aurez une conscience plus nette de votre valeur.

Votre allure sera plus dégagée et plus énergique ; vous vous sentirez plus calme, plus lucide, plus intelligent ; le travail vous sera facile et agréable.

Votre pensée agira tout autour de vous de façon automatique. Vous vous apercevrez que vos concitoyens vous témoignent plus de sympathie et plus de confiance, qu'ils recherchent votre présence et que votre influence sur eux va grandissant.

Vous devenez quelqu'un ; vous êtes en possession de la puissance personnelle.

Cette puissance vous la conserverez et vous la développerez par votre persévérance et par votre activité.

VIII

RÉSUMÉ

Si nous jetons un coup d'œil d'ensemble sur les diverses questions que nous venons d'examiner en détail dans le courant de ce travail, il semble que les exercices musculaires, physiques, sensoriels ou intellectuels que nous avons préconisés sont bien nombreux, bien difficiles à employer ; il paraît à peu près impossible de satisfaire à la fois à l'augmentation de la puissance cérébrale, à l'éducation de la volonté, à l'habitude de la concentration de la pensée, à l'acquisition de la confiance en soi, au développement de la puissance personnelle.

Tout en procédant à l'entraînement qui est nécessaire pour l'obtention, la conservation et l'accroissement de ces qualités supérieures de l'organisme, il faut, en outre, se perfectionner dans les règles qui ont pour but de conduire à l'influence sur autrui et apprendre à se faire des auto-suggestions volontaires pour la maîtrise de soi-même.

Tout cela, au premier abord, est fort embrouillé,

malaisément applicable, et semble nécessiter un temps bien long.

Et à quoi allons-nous aboutir ? Pouvons-nous affirmer que le succès répondra à nos efforts et que nous n'aurons pas gaspillé en pure perte un temps précieux en nous livrant à des manœuvres inutiles et absurdes ?

Tranquillisez-vous. Rien n'est plus simple et des résultats favorables ne tardent pas à se manifester lorsqu'on opère avec constance et régularité, même sans aucune conviction, pourvu que l'on y mette un peu de bon vouloir.

Un fait domine toute la situation. C'est la prépondérance indéniable de l'auto-suggestion dans tous les actes qui ont pour intention et pour effet l'amélioration de l'état physique, de l'état intellectuel et de l'état moral.

L'auto-suggestion est partout ; elle intervient en toute occasion. Qu'elle soit pratiquée à l'état de veille ou dans un degré d'auto-hypnotisme plus ou moins avancé, plus ou moins élevé, c'est elle qui nous permet d'agir sur les diverses fonctions de notre organisme, de modifier nos habitudes, de corriger nos défectuosités et nos défauts, d'augmenter le nombre de nos qualités et de les perfectionner sans relâche.

Mais, pour que l'auto-suggestion soit bien efficace, pour qu'elle se réalise le plus rapidement possible conformément à nos désirs, elle doit s'accompagner de quelques conditions adjuvantes dont les principales, presque nécessaires, sont : l'énergie cérébrale, la force de la volonté, la confiance en soi, la concentration de la pensée.

Des exercices spéciaux ont été indiqués pour perfectionner chacune de ces conditions, chacune de ces qualités spéciales, dont la possession et la grandeur sont indispensables pour la formation d'une personnalité puissante.

Or, la théorie nous a appris que ces manifestations isolées de la force nerveuse sont dépendantes les unes des autres, associées entr'elles par des liens indissolubles, de telle sorte que, si, par un moyen quelconque, on arrive à l'éducation de l'une d'elles, quelle qu'elle soit, toutes les autres subissent un entraînement favorable, parallèle et concomitant. Si l'une d'entr'elles profite d'une amélioration, toutes les autres s'accroissent simultanément ; tout perfectionnement acquis par l'une se répercute sur les autres dans un sens identique.

Ainsi, par exemple, tout exercice effectué avec l'idée de faire progresser la confiance en soi met en jeu la volonté, sollicite l'activité du cerveau, oblige la pensée à se fixer et à se concentrer.

Ceci simplifie la difficulté. Tout exercice donnant satisfaction à l'une des parties sera utile et profitable à l'ensemble.

On peut donc, jusqu'à un certain point, se préoccuper exclusivement de parfaire l'éducation de la volonté ; tout le reste en dépend. Et, dès lors, pour une bonne réussite, il suffira de se conformer à la règle que j'ai indiquée pour fortifier cette qualité particulière.

Au début, on se bornera à des exercices simples, faciles et de courte durée (musculaires ou intellectuels) que l'on pourra varier à discrétion, mais que l'on devra choisir de telle sorte que leur exécution puisse être faite complètement et sans fatigue.

N'oublions pas que le moindre effort a son utilité et que l'opération la plus futile, pouvant sembler insignifiante, procure toujours quelque avantage.

Plus tard, on abordera les exercices compliqués, fatigants, difficiles ou plus longs.

Ainsi donc, on peut conclure que le choix est insignifiant.

Pourtant, il pourra se faire que l'une des facultés que l'on recherche plus spécialement, n'ait pas acquis, en apparence, l'amélioration désirée. On devra, dans ce cas, choisir un exercice s'y appliquant plus particulièrement et on y joindra l'usage de l'auto suggestion volontaire.

En faisant cette dernière remarque j'ai surtout en vue la concentration de la pensée. C'est en appréciant l'état de cette fonction qu'on pourra se rendre un compte exact des progrès accomplis. Le temps pendant lequel l'attention pourra demeurer fixe, sans distraction et sans malaise, sera le meilleur indice.

Aussi, je crois devoir recommander, de façon rigoureuse, les procédés que j'ai indiqués dans l'étude de la concentration de la pensée et, en particulier, ceux dans lesquels on fait usage des sens de la vue et de l'ouïe. Exercez votre oreille, développez la fixité de votre regard, de temps à autre, une ou deux fois par semaine, quand vous disposez d'un loisir suffisamment long. Vous obtiendrez par ces séances spéciales un perfectionnement psychique et vous conserverez en bon état de santé et d'activité deux organes importants.

Mais, surtout, utilisez la méthode des respirations régulières ; faites fréquemment des respirations moyennes bien rythmées ; faites-les avant les repas de midi et du soir, tous les jours si c'est possible ; faites-les dans votre lit, matin et soir, ou, tout au moins, le soir avant de vous endormir. Ceci, vous le pouvez toujours, même en cas de grande fatigue ; si vous dominez le besoin de sommeil vous ferez un bon exercice de volonté.

De temps en temps, pratiquez un certain nombre de respirations profondes ; fixez-en le nombre avant de commencer, pas trop grand, de manière à réussir, à pouvoir aller jusqu'au bout : cinq d'abord, puis dix ; vous augmenterez insensiblement.

Vous ferez, par ces moyens, travailler vos poumons ; ils garderont leur élasticité ; les bronches ne s'encombreront pas de sécrétions ou de résidus morbides ; vous réussirez, peut-être, à vous prémunir contre tout un groupe de maladies des plus fréquentes et des plus redoutables.

Quel que soit l'exercice choisi, il n'est pas nécessaire d'y employer beaucoup de temps ; quelques minutes par jour sont suffisantes. L'important, quand une décision a été prise, c'est de ne pas oublier et de s'entraîner tous les jours pendant quelques instants.

Usez constamment de l'auto-suggestion pendant toute la durée de l'opération.

Au fur et à mesure que vous avancerez dans votre entraînement, vous approcherez de plus en plus de la maîtrise de vous-même ; vous commanderez à votre pensée, à tous vos organes ; vous ressentirez un bien-être général et vous aurez conscience que votre vigueur, sous toutes ses formes, se maintient ou s'accroît.

Comme conséquence, votre puissance personnelle se développera proportionnellement. Exercez-vous souvent à vous parler devant la glace, en maintenant votre regard ferme et immuable, sans rudesse et sans effort. Sachez donner une poignée de main.

Quant aux autres petits détails se rapportant à la même question, on peut les résumer bien simplement. Obéissez aux règles élémentaires de la propreté et de l'hygiène ; soyez toujours poli et aimable avec tout le monde ; ne vous écartez jamais des principes qui indiquent une bonne éducation et qui régissent les convenances sociales.

Laissez de côté tout scepticisme systématique; et souvenez-vous que dans le domaine naturel les plus petites causes peuvent produire les plus grands effets.

TABLE DES MATIÈRES

I. — Explications préliminaires. — Définition de l'auto-suggestion : exemple personnel. Perkinisme. Rôle de l'imagination ; autres exemples ; force nerveuse. Puissance personnelle. 1-16

II. — Hypnotisme et auto-hypnotisme. — Aimant naturel et aimant artificiel : applications curatives. Magnétisation ; passes magnétiques : fluide de Mesmer : la volonté le met en mouvement : méthode de Puységur. Découverte de Braid ; hypnotisme ; identité avec le magnétisme. Loi générale régissant les procédés d'hypnotisation Auto-hypnotisation ; suggestibilité ; suggestion et auto-suggestion. Terreur injustifiée de l'hypnotisme ; expériences récréatives ; innocuité de l'hypnotisme moderne ; usages bienfaisants. Avantages de l'auto-hypnotisation et de l'auto-suggestion personnelles. La volonté existe chez les hypnotisés ; exemple ; sciences insuffisamment vulgarisées ; priorité des auteurs français. L'atavisme et l'hérédité peuvent être combattus ; la nature ne nous domine pas ; influence de la pensée et de la volonté sur les fonctions organiques. 17-52

III. — Auto-suggestion. — Définition : exemples ; double signification. L'auto-suggestion, d'abord effet, peut devenir cause ; exemples. Causes d'auto-suggestion. L'auto-suggestion nous gouverne ; influence continuelle de la pensée; auto-suggestion involontaire, tantôt favorable, tantôt défavorable. L'auto-suggestion a tendance à se produire sans cesse ; effets utiles et nuisibles. Exemples ; vomissements de la grossesse ; terreurs nocturnes ; incontinence d'urine : maladie de la vessie ; auto-suggestion médicamenteuse : aphonie : affaiblissement de la vue ; un cas d'héméralopie et un cas de surdité guéris par suggestion ; troubles de l'odorat ; purgation par suggestion ; considération sur les effets de l'auto-suggestion involontaire. Auto-suggestion volontaire ; principes suivant lesquels elle agit ; exemple pour la pratique de la suggestion volontaire. 53-83

IV. — **Education de la Volonté**. — Constitution anatomique du système nerveux ; force nerveuse; centres cérébraux ; définition de la volonté. La volonté dirige la force nerveuse ; elle est en rapport avec la puissance cérébrale ; force de commandement ; force d'exécution ; la volonté et la puissance cérébrale sont solidaires. Tout organe qui travaille se fortifie, exemples ; de l'entrainement. La volonté est une fonction du cerveau ; elle domine toutes les facultés cérébrales, toutes nos actions physiques. Les sports athlétiques favorisent le cerveau et ses fonctions ; jeu du football ; autres exercices corporels ; leur bonne influence sur l'intelligence. La volonté agit sur les fonctions internes. Citations diverses. Une volonté forte est nécessaire ; la volonté doit devenir une habitude ; entraînement de la volonté; histoire du paysan et de l'avocat ; mode d'action de la volonté bien entraînée ; effort de volonté. Développement du cerveau et de la volonté par la répétition de l'effort. Utilité des exercices musculaires ; efforts minimes et progressifs ; méthode de choix pour l'éducation de la volonté ; utilisation de l'excédent de force acquis par l'exercice. Le travail intellectuel doit alterner avec le travail physique; avantage de cette alternance ; choix des exercices ; le succès accroit la force nerveuse, l'insuccès la déprime. Il faut se livrer à des travaux faciles pendant lesquels la volonté est active ; exemples ; l'efficacité du travail se prolonge pendant le repos ; preuves ; comparaison avec des liquides superposés dans un vase. Le travail physique ne repose pas du travail intellectuel et inversement ; autre comparaison ; exemples d'exercices divers. Réflexions. On doit faire usage de l'auto-suggestion volontaire ; méthode pour y procéder ; condition à remplir. Du désir ; il sollicite la volonté ; il peut se transformer en habitude, lutter contre la volonté. Du caprice ; mêmes observations ; entêtement, obstination, opiniâtreté. 84-138

V. — **De la confiance en soi**. — Définition ; innée chez quelques personnes ; on peut l'acquérir. Conditions qui la favorisent ; elle diffère de la témérité. Qualités de l'homme qui possède la confiance en soi ; il ne compte pas sur la chance mais sur sa valeur. Elle entretient le calme, facilite l'exercice de la volonté ; elle nous aide à résister aux influences nuisibles ; l'homme qui l'a domine tout. Elle se traduit aussi par des signes extérieurs ; elle augmente les forces intellectuelles ; elle permet des efforts réputés impossibles ; exemples du cycliste et de l'athlète. La confiance en soi peut s'acquérir par les mêmes exercices que la volonté ; règles à suivre ; emploi de l'autosuggestion. Exemples d'hommes ayant eu la confiance en soi. 139-151

VI. Concentration de la pensée. — Définition ; état du cerveau après une opération de concentration de la pensée ; effets passagers ; effets persistants, effets définitifs. La concentration peut être volontaire ou involontaire. Exemples de concentration involontaire ; certains effets sont fugaces ; il peut aussi en résulter des auto-suggestions persistantes ; exemple. Etats de distraction ; variété de ces états ; concentration volontaire ; l'homme qui en est capable se maîtrise et domine ses semblables. La concentration volontaire facilite les travaux de l'esprit et ceux du corps ; elle économise l'énergie. La concentration peut devenir une habitude. Méditation. L'homme qui ne la possède pas dépense inutilement une partie de sa force. Travaillez avec toute l'énergie de votre volonté. Nécessité d'un entraînement spécial ; règles à observer ; difficultés qui se présentent ; vases communiquants ; commencer par des exercices faciles ; un exemple. Mêmes exercices que pour l'éducation de la volonté ; exercices spéciaux pour la concentration de la pensée. Sens de l'ouïe, sens de la vue, respirations régulières. Opération à l'aide du sens de l'ouïe, exercices plus difficiles. Opération à l'aide du sens de la vue ; plusieurs exercices. Remarques. Ces exercices peuvent provoquer l'auto-hypnotisation ; ce n'est pas un inconvénient mais un avantage. . . .
Des mouvements respiratoires ; mouvements naturels, mouvements volontaires ; respirations moyennes ; respirations profondes. La respiration est le grand balancier de l'organisme ; son action est favorable sur tous les organes. Constitution schématique des poumons ; purification du sang : inspiration et expiration. Quantités d'air introduites. Effort respiratoire maximum ; son utilité ; méthode pour bien exécuter la respiration profonde ; moments les plus propices ; respirations régulières et exercices musculaires associés. Indi-

cations de respirations profondes ; leur mode d'action dans l'emphysème. Association des mouvements respiratoires et de l'auto-suggestion ; manière d'opérer. 151-217

VII. **Puissance personnelle**. — Définition : action sur soi ; action sur autrui ; qualité innée chez quelques personnes : on peut l'acquérir. Avantages et inconvénients de la publicité spéciale qui s'y rapporte. L'idée de domination existe à tout âge ; chacun recherche l'influence ; variétés qu'elle présente. Force nerveuse et champ nerveux ; exercices favorables à l'influence personnelle Théorie de l'extériorisation de la force nerveuse ; preuves ; causes utiles et causes nuisibles ; régularité dans les occupations ; sommeil après le repas. Causes débilitantes ; emploi de l'auto-suggestion. Règles de conduite pour développer l'influence ; usage de la volonté et de la suggestion.
Suggestion vigile. Théorie de la suggestibilité ; réactions réciproques de deux organismes vivants.
Suggestion mentale ; en quoi elle consiste ; moyen de la pratiquer ; conditions adjuvantes. Suggestion verbale ; règles à observer. Suggestion par geste ; règles à suivre ; poignée de main et manière de la donner. Suggestion par le regard ; puissance du regard ; éducation spéciale : habitude à prendre pour regarder, moyen de l'acquérir. Remarques importantes. Conséquences. Derniers conseils. 218-288

VIII. **Résumé**. — L'entraînement pour obtenir les qualités nécessaires est facile ; prédominance de l'auto suggestion ; tout exercice favorable à une qualité est favorable aux autres. Procédés plus spécialement recommandés. Faites travailler vos poumons ; respectez les règles de la bienséance. 289

www.ingramcontent.com/pod-product-compliance
Lightning Source LLC
Chambersburg PA
CBHW071415150426
43191CB00008B/921